キリトリ

その① とにかく［　　］するな

その② 頭のよさは、［　　］が決め

その③ 人は

JN032480

話すたびに
頭がよくなるシート

HANASU TABI NI ATAMA GA YOKUNARU SHEET

第2部 一気に頭のいい人にな

キリトリ

第1章 「客観視」の思考法

話が浅い人の特徴

① 根拠が薄い

あなたの話を深くするコツ

1. 「確証バイアス」と「後知恵バイアス」に意識的になる
2. 自分と反対の意見や統計データを調べる

② 言葉に鈍感

思考の解像度を上げるコツ

1. 「問題」と「課題」など、似て非なる言葉の定義を調べ、違いを知る
2. 「管理」など仕事でよく使う言葉の定義を考えてみる

「管理」がつく熟語を思いつく限り書き出し、どの熟語にも当てはまる意味が定義となる

第3章 「傾聴」の思考法

自分の言いたいことではなく、相手の言いたいことを考えながら聞け

ちゃんと聞くための5つの態度

1. 肯定も否定もしない
2. 相手を評価しない
3. 意見を安易に言わない
4. 話が途切れたら、沈黙する
5. 自分の好奇心を総動員する

これらの態度で相手の話を整理しながら
相手の言いたいことをより深く理解する

る思考の深め方 | 「知性」と「信頼」を同時に

③ 成り立ちを知らない

成り立ちを知るコツ

❶ 語源を調べる
❷ その言葉がどこで広まったかを調べる

深い議論や人と違うアイデアが生まれる

第2章 「整理」の思考

話のわかりやすさも、

「理解している

① 結論から話す

- 結論って何ですか? と聞く
- 結論とは相手が一番聞きたいこと
- 結論から話すとは相手の聞くスイ

第4章 「質問」の思考法

グーグルも使う本質をつかむ質問術

導入の質問 ① 過去の行動についての質問
- 「直面した困難な状況にどう対応しましたか?」

導入の質問 ② 仮定の状況判断に基づく質問
- 「仮に〜な状況だったらどう対応しますか?」

深掘りの質問 ① 状況に関する質問
- 「そのときの状況を具体的に教えてください」

深掘りの質問 ② 行動に関する質問
- 「その状況のとき具体的にどう行動しましたか?」

深掘りの質問 ③ 結果に関する質問
- 「行動の結果、どのような変化がありましたか?」

これらの5つの質問を組み合わせるだけでいい

ちゃんと考えて
人を信頼する

その④
人と闘うな、
と闘え

その⑤
伝わらないのは、
話し方ではなく
が足りないせい

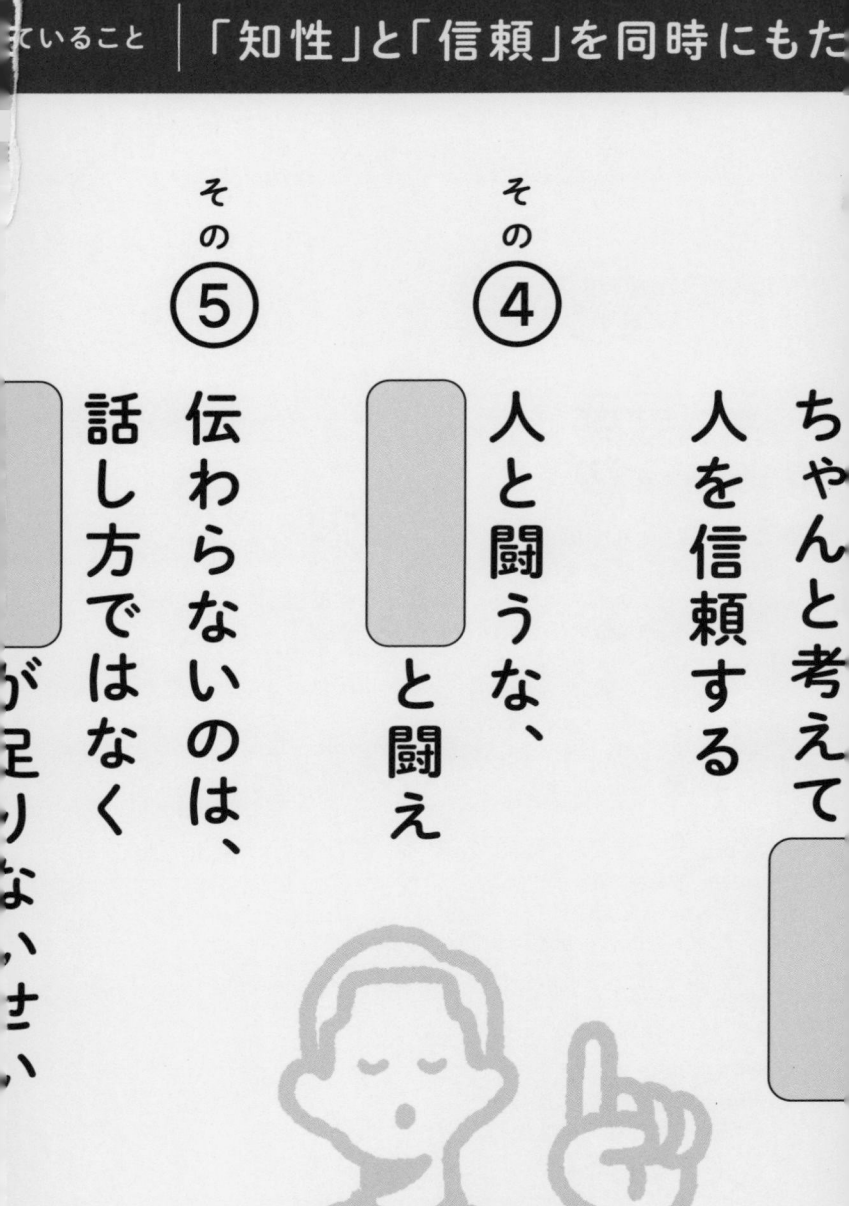

その⑥　知識は［　　］のために使って初めて知性となる

その⑦　承認欲求を［　　］側に回れ

…もたらす5つの思考法

…法

…人の心を動かせるかも、理解の深度に比例する

…」とは「整理できている」ということ

話を整理するコツ

…ッチを入れる行為

② 事実と意見を分ける

- 反射的に答えず、話す前に内容をチェックする
- それは証明可能な事実か、自ら判断を下した意見か
- 意見を事実のように話さない

第5章 「言語化」の思考法

コミュニケーションにおける最大のコストが言語化コストである。

言語化の質が、アウトプットの質を決める。

再定義せよ 》〇〇ではなく、△△だ。（言語化の質を高める思考の型）

言語化能力を高める「習慣」

❶ ネーミングにとことんこだわる

❷ 「ヤバい」「エモい」「スゴい」を使わない

❸ 「読書ノート」「ノウハウメモ」を作る

頭のいい人が話す前に考えていること

安達裕哉
Adachi Yuya

ダイヤモンド社

この本を読むと
だれでも〝頭のいい人〟になれる。

子どものころ、

「ちゃんと考えてから話して」

と言われたことはないだろうか。

もしくは、
上司に「ちゃんと考えた？」と言われたり、
部下の話を聞いて「こいつちゃんと考えたか？」
と思ったりしたことはないだろうか。

では、「ちゃんと考える」の
〝ちゃんと〟とは具体的にどういうことか、
教わったこと、教えたことは
あるだろうか………？

「ちゃんと考えて」と
言われたことがある人は、
思い出してみてほしい。

あのとき、あなたは
何も考えて
いなかっただろうか？

そんなわけはない。

自分なりに考えていたはずだ。

一説によると、人間は1日に1万回ほど思考している。

今これを読んでいるあなたも、まぎれもなく、

いろんなことを考えているはずだ。

人間、みんな考えている。

なのに、「ちゃんと考えている人」と

「考えていない人」の差が生まれるのは、なぜだろう？

両者の差は、
考えている時間の〝長さ（量）〟ではない。
たとえば、徹夜でアイデアを考えたからといって、
〝ちゃんと考えた〟とはならないだろう。

大事なのは、
アイデアの**質**ではないだろうか。

そう、「ちゃんと考えている人」と
「考えていない人」の差は、
思考の量ではなく、
思考の〝質〟なのだ。

新入社員であれば、思考の量で評価されるかもしれない。
一生懸命考えたことが、
〝可愛げ〟として受け取られることもある。

しかし、それは若さが武器になるうちしか通用しない。
年齢を重ねるほど、〝一生懸命考えた〟だけでは通用しなくなる。

また今後は、量で評価される思考は
AIに簡単に代替されてしまうだろう。

だれもが、量ではなく、
質で勝負しなければ
いけないときがやってくる。

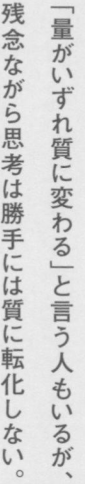

「量がいずれ質に変わる」と言う人もいるが、
残念ながら思考は勝手には質に転化しない。

なんとなく考えただけでは、
いつまでたっても
「ちゃんと考えた」ことにならないからだ。

なんとなく考えたことを、
あるタイミングで、
「良質な思考」に
転化させる必要がある。

そのタイミングが、
人に〝**話す前**〟だ。

本書は、
〝頭のいい人が話す前に
何をどうちゃんと考えているのか〟
を明確にすることで、

だれもが思考の質を高め、
〝頭のいい人〟になれることを
目指して書かれた。

テーマは、

知性と

コミュニケーション

人間は、考える葦（あし）であり、
人間は、だれかと関わらずには
生きていけない
社会的動物である以上、
避けては通れないテーマだ。

ちゃんと考えた？

と言われたことのある人は、
考えていないのではない。

思考の質を
高めるコツを知らないだけだ。

話す前に少し
注意力を働かせるだけで、
思考の質を
高めることができる。

87×18＝？

紙と鉛筆があれば、
この計算ができない人は
あまりいない。
小学校で筆算の
やり方を習うからだ。

〝ちゃんと考えて話す〟も
やり方さえ教われば、
だれでも使えて
一生役に立つ。

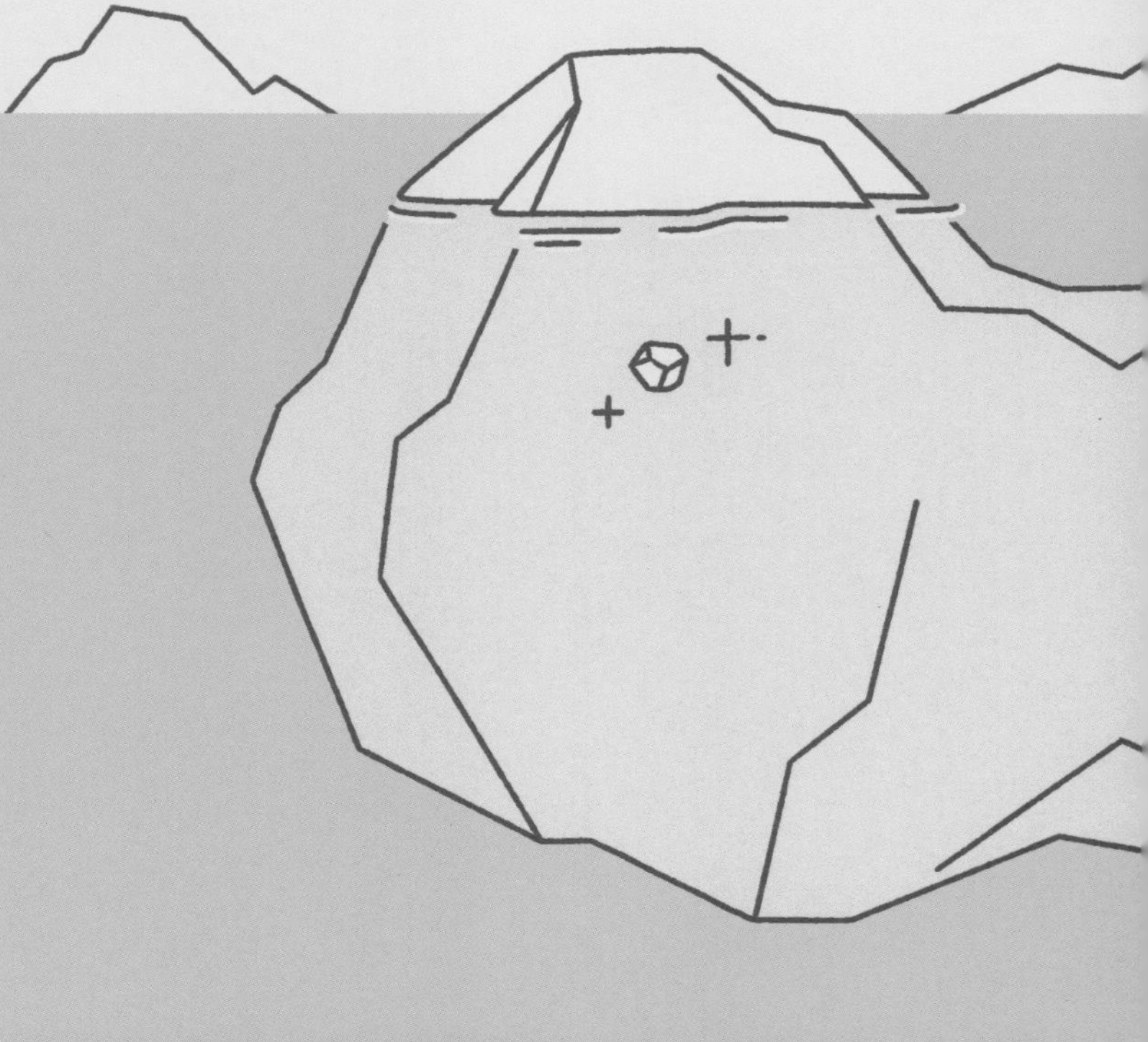

ただ、そのためには、
少し立ち止まって考える必要がある。
先ほどの計算で
「紙と鉛筆」を
用意しないといけないように。

本書でお伝えするのは、
だれも教えてくれなかった、
知性とコミュニケーションの
〝黄金法則〟だ。

この法則を
手に入れれば、
だれでも
思考の質を高め、
知性と信頼を
同時に獲得できる。

考えていない人間はいない。
あなたは本来、考える力がある。
必要なのは
話す前に立ち止まる勇気だ。

頭のいい人が話す前に考えていること

はじめに

もう22年も前のこと。

世界最大規模の会計事務所であるデロイト。その傘下の経営コンサルティング会社であるデロイトトーマツ コンサルティング（現アビームコンサルティング）に入社して8ヶ月。私は、帝国ホテルの会議室で、クライアント先の社長にこう言われました。

「安達さん、大丈夫？」

これは、**コンサル失格**を意味する言葉です。

コンサルタントは、企業経営者などの相談にのり、一緒に課題の解決を目指す仕事です。

しかし私は、「クライアントが不安になるようなふるまい」しかできず、相談にのる立場なのに、逆に心配させてしまった。コンサルタントとして失格です。

このコンサル失格の言葉をいただいてから、私の人生は変わりました。

はじめまして。

「ティネクト株式会社」の代表を務める安達裕哉と申します。

「コンサルティング会社に就職」と聞くと、〝もともと頭がよくて、コミュニケーション能力も高かったんでしょ〟と思われるかもしれませんが、私は決して頭がよかったわけでも、コミュニケーション能力が高かったわけでもありません。

実際、中高での勉強は全くダメで、成績は常に最下位レベル。浪人までしてかろうじて大学に滑り込みましたが、そこでも頭のいい人たちには全く敵わず、夢だった研究者の道も諦めざるをえませんでした。

コミュニケーションにいたっては、勉強以上に大の苦手で、口ベタな人間でした。大学の研究発表の1週間前から、〝どう話そう〟と考え始めたら、緊張して夜も眠れなくなるほど、ひどいものでした。

頭もよくない、コミュニケーションもダメ。

そのうえ研究者の夢を諦め、恥ずかしながら奨学金を返すために「少し給料が高い」というだけの理由で、就職したのがコンサルティング会社です。

しかも、コンサルティング会社に就職できたのも、当時私がたまたま、プログラミングができたおかげで、システムコンサルタントの大量採用に引っかかっただけです。

コンサルタントという仕事は、企業の、相談役です。社長の悩みを聞き、企業の問題を一緒に解決していく、知性とコミュニケーション能力が必要とされる職業です。

ですから、会社に入って私は非常に苦労しました。生まれて初めて、自発的に、真面目に勉強したといってもよいかもしれません。真剣に研修を受け、本も大量に読みました。

そして、入社して8ヶ月。冒頭の言葉です。

あれから私は、中小企業専門のコンサルティング部門立ち上げに参画し、大阪支社長、東京支社長を務め、今では、会社の経営者として、社員をマネジメントし、本を出版することができています。

頭がよいわけでもなく、コミュニケーション能力も高くなかった私が、なぜこうなれたのか？

それは、入社1年目でコンサルタント失格の烙印を押されてから、**他者から信頼を取り戻すにはどうすればいいのか**を徹底的に考えたからだと思います。

私のコンサルタント人生の特徴は、東京海上日動火災や日本生命、ＫＤＤＩ、帝国ホテルなど、だれもが知る上場企業だけでなく、茅ヶ崎の漁師、福井の社員6名の洗剤会社、飛ぶ鳥を落とす勢いのスタートアップＩＴ企業など、北は北海道、南は沖縄まで、全国津々浦々、３０００社を超える中小企業の経営者と仕事をし、対峙してきたことにあります。

会社の大きさを問わず、企業の長はみな覚悟を背負っています。一筋縄ではいかない、クセの強い人たちもたくさんいました。

私はコンサルタントとして、入社１年目から、その道30年を超える企業の社長たちに、信頼してもらわなければいけませんでした。

入社1年目の若造がどうやってその道30年を超える社長から信頼を得ていったのかについては、本書でおいおい話していきますが、学歴も、会社名も、著名な学者の経営論も通用しない相手に、

バカにされず
勉強ができるだけのいけすかない奴ではなく
一緒にビジネスをしようと思える人

と認識され、信頼されるには〝話す前にちゃんと考える〟ということが欠かせませんでした。


結果は、話す前に決まっている。

プレゼンにしろ、商談にしろ、上司への報告にしろ、はたまたプロポーズでさえ。

これが、私が新卒でコンサルティング会社に就職し12年、その後、会社を10年経営してきてたどり着いた結論です。

この22年間で、３０００社もの企業の社長と、頭のいい優秀なコンサルタントの先輩や上司から得た知見を、だれでも、どの業種でも、どの時代でも通用する形にまとめたのが本書『頭のいい人が話す前に考えていること』です。

「頭のいい人が考えていること」を知っただけでは意味がない

コンサル22年で得た知見を1冊にまとめる際に意識したのは、**「頭のいい人が話す前に考えていること」をそのまま羅列しない**、ということです。

タイトル通り頭のいい人が話す前に考えていることを書き綴るだけで本としては成立します。しかし、ただ**「頭がいい人が話す前に考えていること」を知るだけでは意味がない**ことにあるとき気づいたのです。

たとえば、トークがうまい人の話し方を知っただけで、トークがうまくなるわけではありません。〝トークがうまい人ってこういう話し方するよね〟と言えるかもしれませんが、実際に話せるかどうかは別の話です。

同じように、頭のいい人が考えていることを知っただけでは、考え方を身につけたことになりません。それでは、ネット上にあふれる本の要約記事や要約動画とほとんど変わりません。要約記事や動画を見て、本の内容を知ることができても、その本の内容が身についた人はほとんどいないと思います。

そこで、本書は、読者が頭のいい人たちの知見を身につけ**一気に〝頭のいい人〟になる**ように設計、プログラミングしました(プログラミングだけは学生時代から得意でしたから)。

つまり、本書は、頭のいい人が考えていることを要約したものではなく、**頭のいい人になるためのプログラム**なのです。

まず、第1部は、**マインドの部**です。

話す前に、意識するだけで「知性」と「信頼」をもたらしてくれる黄金法則を7つ紹介します。

マインドを身につけたら、次は具体的な思考法を身につけてもらいます。

第2部は、一気に頭のいい人になるための思考の深め方です。

この部は、いわば**〝フォーム改善〟の部**です。

野球にしろ、水泳にしろ、間違ったフォームではどれだけあなたに素質があっても、力が球や水に十分には伝わりません。つまり、本来あなたは考える力があるのに、深く考える方法（思考のフォーム）を知らないために、他人からは〝ちゃんと考えている〟ことがわからないのです。

本書で目指したのは読み返さなくていい本

正しいマインドとフォームを身につけることで、だれでも頭のいい人になれます。

ただし、読後何もしなければ、改善したフォームも元に戻ってしまいます。

そこで、巻頭の〝話すたびに頭がよくなるシート〟の出番です。

突然ですが、あなたは「いい本の定義は？」と聞かれたらなんと答えますか？
私は「何度も読み返したくなる本です」と答えます。

しかし、本書は、読み返すことを想定していません。むしろ、**読み返さなくていい本を目指しました。**

本書を読み終えたら、〝話すたびに頭がよくなるシート〟を切り取り、空欄を埋めてみてください。

このシートは本書のまとめの役割を果たします。話す前に少し立ち止まって、このシートに書かれていることをひとつでもいいので意識してみてください。

そうすることで、明日から、話すたびに頭がよくなります。

さて、私がコンサルティング会社に就職して〝ちゃんと考える〟という思考力を得たことで仕事で成果を上げられるようになっただけなく、副次的に大きく変化したことがふたつあります。それは、

・話し方で悩むことがなくなった
・人間関係の摩擦が最小限になった

です。結局、**どれだけ話し方がうまくなっても、自分の言葉で話せないと人の心を動かすことはできません。**

私は、話し方に関しては、その人らしい話し方があると思っています。

話す前の考え方を変えれば、自然とその人に合った話し方で、自分の言葉で話すことができます。自分の言葉で話せるようになると、話し方で悩むことがなくなりました。ちゃんと考えられると、〝何を話すべきか〟がはっきりするので、大学時代の発表会の前のように眠れなくなることもなくなったのです。

また、人間は感情的な生き物です。

話す前にちゃんと考えることで、言わなくてもいいことを言ってしまうことがなくなりました。これだけでも、人間関係がだいぶラクになります。

人間関係の摩擦が減ることで、自分のやりたいことや、家族などの大切なものに時間をさけるようになったのは言うまでもありません。

コミュニケーションに苦手意識がある人こそ、話し方を変えるのではなく、この〝ちゃんと考える〟ということに意識を向けてみてほしいと思います。

では、さっそく、始めましょう。

まず、あなたが話す前にどれだけ考えているかをはかる問題です。

問題

「この青の服と、白の服、どっちがいいと思う？」
デートで買い物中、相手からこう聞かれたら、あなたはどう答えますか？

青か、白、素直に答えますか？

いやいや、これで、どれだけ考えているかなんてわかるの？と思った人はぜひ続きを読んでいただければ幸いです。

頭のいい人になるまでの道
（この本の使い方）

第1部を読んで
7つの黄金法則を手に入れる

第2部で一気に思考を深める

“話すたびに頭がよくなるシート”を
切り離し、穴を埋める

話す前に
“話すたびに頭がよくなるシート”を
見返す

**だれでも
頭のいい人に
なる**

Contents

その7

第1部

頭のいい人が話す前に

考えていること

「知性」と「信頼」を
同時にもたらす7つの黄金法則

「知性」と「信頼」を同時にもたらす
7つの黄金法則

その1 とにかく［　　］するな

その2 頭のよさは、［　　］が決める

その3 人はちゃんと考えて［　　］人を信頼する

その4 人と闘うな、［　　］と闘え

話すたびに
頭がよくなるシート

HANASU TABI NI ATAMA GA YOKUNARU SHEET

その5
伝わらないのは、話し方ではなく［　　　］が足りないせい

その6
知識は［　　　］のために使って初めて知性となる

その7
承認欲求を［　　　］側に回れ

その 1

頭が悪くなる瞬間、頭がよくなる時間

ヤクザ映画で死ぬ人の共通点

先日、北野武監督の映画『アウトレイジ』を観たときのことです。

観たことない人のために説明しておくと、アウトレイジは〝登場人物、全員悪人〟がキャッチコピーのヤクザ映画です。最初から最後まで、ひたすら殺人、暴力、そして理不尽が飛び交う〝たくさん人が死ぬ〟映画です。

この映画を1回観ただけでは気づかなかったのですが、2回目で、殺されてしまう人間に共通点があることに気がつきました。

この映画を観たことのある人は考えてみてください。

問題1

ヤクザ映画『アウトレイジ』で殺されてしまう人の特徴とは？

答えは〝感情的な人〟です。

感情的になった人間が死に、冷静な人間は生き残っていました。感情的になった人間はさんざん利用されたあげく、みんな殺されてしまったのです。

北野武監督自身は、雑誌のインタビューで「拳銃を使った奴は大抵、死に至るっていうポリシーは持ってるよ」と述べているのですが、私はこの映画から、**感情的になったら、その時点で負け**というメッセージを受け取りました。

そして、それは私がコンサルで学んだ「最重要事項」のひとつでもあります。

冷静さを失った人の末路

私が若手だったころの話です。

ある企業の「改善活動」を見に行きました。

改善活動は、部長の前で一人ひとりが「今週の報告と、来週の目標」を発表していくだけのことでしたが、役員のひとりは、この活動に対して異常なまでのこだわりがありました。

しかしそれは、活動の中身ではなく〝発表するときの声〟にだったのです。

社員の中には、人前で話すことが苦手な、声の小さい人も当然います。

あるいは、自信なさそうに発表する人もいます。

そんな人にはその役員は「声が小さい！」と叱咤し、やり直しをさせるのです。

正直なところ、見ていて気持ちのよいものではなかったのですが、私は外部の人間でしたし、経営者がそれを許していたのだから、この儀式について止める理由もありませんでした。

ところが、あるとき役員の気に障ったひとりの新人が皆の前で「こっぴどく怒られた」とき、それを見かねたリーダークラスのひとりが、役員に対して

「もうそれくらいでいいでしょう！」

と大きな声で制したのです。

場は凍りつきましたが、その役員が「言いすぎた」と謝罪していったんは収まりました。そして、事件のあと。リーダーとその役員の間で、社長が仲裁に入って話し合いが持たれました。

社長は怒鳴ったリーダーの話に理解を示し、役員には「やりすぎである。本来の趣旨と違うはず」と反省を促しました。

しかし、社長はリーダーに対してもこう言ったのです。

「冷静さを失うとは何事だ。そのようなことではリーダーを任せられない」

社長の言う通りでした。彼は新人をかばっただけでしたが、その事件のあと、他の社員が件（くだん）のリーダーを見る目が、少し変わってしまったのです。

しかも、残念ながら称賛というより、冷ややかな目でした。

「あのリーダーは、（役員と同じ）キレる人だったんだ」と皆に判断されてしまったのです。

リーダーは、正義感からあのような行動をとったのだと推測できます。「弱い人」が叱られるのを見ていられなかったのでしょう。また、前から〝改善活動が無駄〟と思っていたのかもしれません。でも「キレる人」には理由はどうあれ皆、近寄りたくないのです。

「怒っているとき」は、頭が悪くなる

サセックス大学教授の心理学者、スチュアート・サザーランドは著書『不合理誰もまぬがれない思考の罠１００』の中でこう述べます。

怒りや恐怖など強い感情にとらわれると、愚かな行動に走りやすい

要するに、怒っているときは、だれでも頭が悪くなるのです。

怒っているときに下す判断は、まず、間違っていると考えたほうがいいでしょう。

上司から叱責されたとき。同僚から無能だとみなされたとき。大勢の前で恥をか

かされたとき。そういったとき、良い判断のできる人はほとんどいません。

実際、上司と喧嘩し勢いで会社を辞めて後悔した人を何人も見てきました。

頭のいい人は〝キレること〟〝感情的になること〟でどれだけ大きな損失を被るか知っています。


もちろん頭のいい人も感情的になることはあります。しかし、頭のいい人は感情的になったとき、すぐに反応するのではなく、感情をコントロールし、冷静になって考えるほうが、メリットがあることを知っていて、その術（すべ）を身につけているのです。

つまり、**〝話す前にちゃんと考える〟ということは、感情に任せて反応するのではなく、冷静になることだ〟**と言い換えられます。

キレないためのふたつの技術

では、どうすればキレずに冷静でいられるのか。

ポイントはふたつあります。

①すぐに口を開かない
②相手がどう反応するか、いくつか案を考えて比較検討する

2002年に行動経済学者でノーベル経済学賞を受賞したダニエル・カーネマンは著書『ファスト&スロー』の中で、人間の思考には「早い思考（システム1）」と「遅い思考（システム2）」があると述べています。

簡単に説明すると「早い思考（システム1）」はいわゆる直感的な思考で、「遅い思考（システム2）」は論理的な思考のことを指し、基本的に人間は「早い思考（システム1）」が優位にあるとカーネマンは言います。

つまり、すぐに口を開いてしまうと「早い思考（システム1）」の直感的な感情先行の発言をしてしまうので**すぐに口を開かずに、自分の発言で相手がどう反応するかいくつかのシナリオを比較検討することで「遅い思考（システム2）」を働かせる**のです。

カーネマンはこの複数のシナリオを検討して行動を決定することを「並列評価」と呼んでいます。

本書でお伝えする〝話す前にちゃんと考える〟ということは、カーネマンの言う「早い思考（システム1）」ではなく、どうやって「遅い思考（システム2）」を使って考えるか？　ということなのです。

たとえば、あなたが先ほどの事例のように、目の前で新人が理不尽に責められたのを見て、怒りを覚えたとします。

そのときすぐ口を開いた場合、冒頭のリーダーのように、感情が理性を上回り「役員に怒鳴り返す」という不利益な選択をしてしまうかもしれません。

ところが「すぐに口を開かない」ことで、考える余地が生まれます。ここで何を考えるのか？　は本書でこれから伝えていくことですが、カーネマンの言ういくつかのシナリオを検討するというのは、「ここで、怒鳴ったらどうなるのか？」を想像するだけではありません。

・叱られている新人を、別室に一時的に退避させる方法はないか？
・役員の注意を他にそらすことは可能か？

などと別の案をたくさん出してみることも含まれます。

あれこれ代案を検討しているうちに、怒りは静まります。

いくつかのシナリオを検討するのは、〝実際に最適な手段を検討するため〟でもありますが、冷静になる時間を稼ぐ〝間をとるため〟でもあるのです。

愚かさを回避するための時間

米国で開発された怒りと上手に向き合う心理トレーニングに「アンガーマネジメント」があります。日本アンガーマネジメント協会理事の戸田久実氏は著書『アンガーマネジメント』の中で、「諸説ありますが、怒りが生まれてから理性が働くのに6秒かかると言われています」と述べています。

また、自然科学研究機構生理学研究所の教授で、医学博士の柿木隆介氏は、日経新聞が運営する健康医療情報サイト「日経Ｇｏｏｄａｙ」のインタビューでこう答えています。

怒りなどのさまざまな感情をコントロールする機能や理性的な判断、論理的な思考やコミュニケーションといったことを行うのが、大脳新皮質のなかにある「前頭葉」と呼ばれる場所。（中略）前頭葉が本格的に働きはじめるまでにかかる時間は3～5秒程度と考えられます。『イラッ』『ムカッ』としたときは、まずは6秒待ちましょう。

つまり、怒っているときは、人間の頭が悪くなる瞬間であり、冷静になって思考力を回復する、つまり頭をよくする時間に6秒必要となるわけです。

思い起こせば、コンサルタントの先輩は、「複数の案を検討せよ」と口を酸っぱくして言っていました。

頭のいい人は怒っているときだけではなく、うまくいっているときほど、リスクはないか？　見落としはないか？　などと、冷静に考えることができます。**頭のいい人ほど、感情的な自分に自覚的になり、冷静になれるのです。**

もちろん感情を蔑ろ（ないがしろ）にしろ、と言っているわけではありません。

むしろ、自分が素直に何を感じるか、何が好きで、何が嫌いなのか、心の動きをとらえることは、豊かに生きる上で重要なことです。

しかし、「口はわざわいの元」であり、話す前には十分に注意すべきです。場合によっては取り返しのつかない発言になることがあるからです。

何かを言いたくなったときほど、逆に口を閉じる。

〝とにかく反応しない〟ということが大事なのです。

黄金法則 その1

とにかく反応するな

その 2

頭のよさを決めるのは「だれ」だ？

頭のよさってなんだ？

本書は、**だれでも一気に「頭のいい人」になれる**ことを目指して書いた本です。

いや、**そんな一気に頭がよくなるなんて、ありえない。**

こう思った人もいるでしょう。

頭のよさをＩＱや学力のことだと考えているなら、このように思うのも無理はありません。

ただ、学歴がよかったり、ＩＱが高かったりしても、必ずしも仕事ができて、信頼されるわけではない、ということは想像に難くないと思います。

では、頭のよさってなんでしょう？

論理的思考、頭の回転の速さ、知識の量、分析力、教養、本質をとらえる力、抽象化能力、要領のよさ、語彙力、未来を予測する力……。

どれも、頭のよさを構成する要素のひとつで間違いありません。しかし、知識があれば、語彙力があれば、論理的であれば、〝頭のいい人〟なのでしょうか……？

ちょっと、視点を変えてみましょう。

頭のよさは「だれ」が決めるのでしょうか？

自分……ではないですよね。自分で自分のことを〝頭がいい〟と決めていたら、それはちょっと頭がいいとは言えない気がします。頭のいい人は自分で「私は頭がいいんだ！」と言わないはずです。

では、頭のよさは自分ではなくだれが求めるのか。

そう、**他者です。**

頭のよさに基準はない。されど頭がよくないと生き残れない

学生時代は〝偏差値〟というわかりやすい指標がありました。

しかし、社会に出ると、この指標はなくなります。模試で偏差値70だったからといって〝頭がいい人〟とはみなされなくなりますし、頭のよさを測るテストもありません。

求められるのは、仕事を前に進め、成果を出す能力です。

とはいえ、〝頭のよさ〟が必要でなくなったわけではありません。

何も考えずにただガムシャラに働けば皆が幸せになれた時代は、バブル崩壊後、30年経った今、完全に過去のものになっています。今ではほとんどの職業で知的能力と成果とが相関するようになりました。

では、頭のよさに明確な基準が存在しない社会で、〝頭のいい人〟ってどんな人で

社会に出ると頭のよさの基準が変わる

しょう。

それは、周りから「頭がよい」と認識されている人です。

その人のことを頭がいいと認識している人が多ければ多いほど、その人は実際に〝頭のいい人〟なのです。

この考えに、違和感を持つ人もいるかもしれません。

多くの人と関わり、コミュニケーションが重視される職業ならまだしも、アイデア勝負の職業や、コツコツひとりで取り組む研究職などは、頭のよさは他人が決めるとは言い難いような気もします。

周りから反対されたとしても、自分を信じて突き進む研究者の姿は、ときに美談として語られます。

しかし、知の巨人と称された経営学者のピーター・F・ドラッカーは『ドラッカー名著集1　経営者の条件』の中で

知識ある者は理解されるよう努力する責任がある。素人は専門家を理解するために努力すべきである、あるいは専門家は専門家と話が通じれば十分であるなどとすることは、野卑な傲慢である。

とはっきり述べています。

「自分の考えが理解されないのは、相手の理解力がないせいだ」と考える人がいますが、ドラッカーはこれを否定しているのです。

また、ほとんどの人がノーベル賞受賞者を〝頭のいい人〟と認識すると思います。ノーベル賞の選考基準は公表されていないものの、「人類に最大の貢献をもたらした人々に贈られる」がノーベル賞の定義です。つまり、自分以外の他者にどれだけ貢献したかが評価の軸になっているのです。

無人の山で木が倒れたら音はするのか？

「頭のよさは他者の認識が決める」という視点は非常に重要です。

これは、現代で最も重要な知的能力のひとつであるコミュニケーション能力の本質に近いからです。

ドラッカーはコミュニケーション能力について、このように述べています。

仏教の禅僧、イスラム教のスーフィ教徒、タルムードのラビなどの神秘家の公案に、「無人の山中で木が倒れたとき、音はするか」との問いがある。今日われわれは、答えが「否」であることを知っている。音波は発生する。だが音を感じるものがいなければ、音はしない。音は知覚されることによって音となる。ここにいう音こそ、コミュニケーションである。この答えは目新しくない。神秘家たちも知っていた。「誰も聞かなければ、音はない」と答えていた。

この昔からの答えが、今日重要な意味を持つ。コミュニケーションを成立させるものは、受け手である。コミュニケーション

> の内容を発する者、すなわちコミュニケーターではない。彼は発するだけである。聞く者がいなければ、コミュニケーションは成立しない。意味のない音波しかない。
>
> 『マネジメント［エッセンシャル版］基本と原則』より

コミュニケーションの主体は自分ではなく、相手にあります。

極端な話、どれだけ優れたアイデアを思いついても、他者に伝わらなければ、そのアイデアは存在しなかったことになるのです。

頭のよさは他人が決めるという前提に立ち、「他者がどのように思うか」を意識することこそ、知的で慕われる人が持つマインドの根本であり、思考の質を高めるために最も大切なことなのです。

〝自分の企画が通らない〟〝言いたいことが伝わらない〟〝まわりが認めてくれない〟と思っている人ほど、この視点が抜けていることが多々あります。

したがって、本書では、頭のよさは他者が決める、頭のいい人というのは、自己満足ではなく、まわりの人から〝頭のいい人〟と認識されている人、とみなします。

米国で提唱された「人間が生きていく上で最も重要な頭のよさ」とは？

もちろん、偏差値で測られる学力や、論理的思考が不要と言っているのではありません。

頭のよさはざっくり2種類に分けることができます。

ＩＱに対して、ＳＱという言葉をご存知でしょうか。

ＳＱとは、社会的知性のことで、米国の心理学者ダニエル・ゴールマンが提唱した、人間にとって最も重要な〝頭のよさ〟を指す概念です。

ゴールマンはＥＱという概念を提唱しました。ＥＱとは「感情の知能指数」や「こころの知能指数」と呼ばれる概念です。この考えをさらに進化させたのが「ＳＱ＝社会的知性」です。ゴールマンは**ＳＱとは〝他者との関係において高い知性を発揮する能力〟**と定義づけます。

頭のよさは2種類ある

学校的知性

IQや偏差値、論理的思考、記憶力など、数字やテストで測れるもの

社会的知性

数字やテストでは測れないもの

他者の思考を読み、信頼を得て、**他者を動かす能力**

　コンサルティング会社で教わったことを思い返してみると、この〝社会的知性〟のことを言われていたんだと実感します。

　社会で必要とされ、ことさら就職活動時に求められる〝コミュニケーション能力〟も、コンサルで重視される〝地頭〟もこの社会的知性という言葉に集約されます。

　本書では頭のよさを社会的知性と学校的知性の2種類に分けます。

　学校的知性とは数字で測れる「ＩＱや記憶力、学力」など、ひとりで完結する力のことだと考えてください。

　社会的知性はひと言で言うと、**他者の思考を読み、他者の信頼を得て、他者を動かす能力**です。

そして、面白いのは、クイーンズランド大の心理学教授、ウィリアム・フォン・ヒッペル氏が、『われわれはなぜ嘘つきで自信過剰でお人好しなのか』の中で「**社会的知性こそが、真の知的馬力であり、ＩＱのような論理的能力は知性の本質ではなく、副産物**」と述べていることです。

頭のいい人の思考の深め方

これはマーケティングの考え方とよく似ています。

ドラッカーは企業の最も重要な機能として「マーケティング」と「イノベーション」を挙げていて、マーケティングはビジネスに関わるすべての人にとって必須なものとなっていますが、その定義は「顧客の欲求からスタートすること」です。つまり、社会的知性そのものです。

では、このマーケティングの考え方はどうすれば身につくのか。

マーケティングに関する本をどっさり買ってきて読み込むことでしょうか。

もちろん、本で勉強することは大切です。しかし、もっと重要なのは、日々の生活の中で、「相手の欲求から考える」つまり、〝相手が何を求めているのか？〟を常に想像しながら生活することです。

隣に座っている人が何を求めているのかがわからない人が、顧客が求めていることを想像するのは難しいでしょう。

私自身、現在マーケティングの会社を経営していますが、コンサルタントになりたてのころは、マーケティングの専門書を読んでも、正直なところ意味がわかりませんでした。当時は〝わかったような気〟になっていましたが、今振り返ると全然わかっていなかったと思います。

それが、コンサルタントとして3年ほど経験を積んだあと、家の本棚にあったマーケティングの本を手に取って読んでみると、面白いほど理解できたのです。

〝この著者の説明わかりやすいな～僕の考えたことをちゃんと説明してくれている〟だなんて上から目線で読んだほどです。新人のころの読書体験とは打って変わって、まるで自分が経験した中で思い至った、マーケティングとはどういうことかという考えを確認しているかのようでした。

実践する前にマーケティングの専門書をどっさり買って読む行為は、学校的知性を発揮する行為です。学歴が高い人はこの学校的知性を発揮するのが得意な傾向にあります。しかし、仕事で実践しながら、他人との関わりの中で発揮するのが社会的知性です。本当に頭のいい人はこの学校的知性と社会的知性を行き来しています。

学生時代の学びは、テキストで勉強してから、テストを受け、結果が数値化されました。

しかし、それを社会でどう適用するのかを学校では教わりません。

つまり、学校的知性を身につけてから、社会に出て社会的知性を身につけるという順番です。

でも、社会で活躍していく人は、逆の学びをします。社会的知性を身につけてから、学校的知性で復習するように、学ぶ。そして先ほども説明したように社会的知性と学校的知性を行ったり来たりして、より思考を深めていくのです。

本書でお伝えする一気に頭がよくなる方法も、学校までの学びとは逆の順番です。

〝他者とのコミュニケーションの中で知性を身につける〟

価値観の違う人と考えを共有するためにロジカルに話す必要がある

このことを念頭に置いて、この先も読み進めてみてください。

なぜ論理的思考が大事なのか？

論理的思考はビジネスにおいて非常に重要なスキルだと言われています。

では、論理的思考はなぜ大事だと言われているのでしょうか？

それは、**立場も価値観も違う他人と考えを共有するために必要**だからです。

趣味も価値観も似ている友人との会話を思い出してください。

「あれ、よかったよね！」
「うん、あの部分が最高だった！」
「あの部分だよね〜」

このように、論理的ではない会話でも、十分通じます。

しかし、価値観の違う人たちと話す際には、これでは通じません。「あれってなんだ？」となるわけです。

そこで、ロジカルに話す必要があるのです。「あれよかったね！」で通じる仲間とだけ生きていくのもひとつの人生の形ですが、さまざまな価値観の人とコミュニケーションしながら考えを共有することで生まれる喜びもあります。また、ビジネスの現場ではやはり、「あれよかった！」のコミュニケーションでは通用しません。

考え方の違う相手に、自分が考えたことをどう伝えようか？

と考えたとき、つまり他者がどう思うかを想像したとき、人間は論理的に話を組み立てようとします。

結論を短くまとめ、理由をわかりやすく3つに分類する……というように。

いったん〝頭のよさは他人が決める〟と考えるとラク

「頭のよさは他人が決める」という話をすると、「他者の目を意識せずにありのままの自分でいたい」と言う人もいます。

近年、自己肯定感という言葉が流布し、〝ありのままの自分で生きることが大切〟という考えがとても重宝されるようになりました。

また、心理カウンセラーの本には、自己肯定感を上げるために、他人軸ではなくて、自分軸で考えることが大切だとあります。エッセイなどで「自分を大切にできない人が他人を大切にすることはできない」というメッセージを読んだことがある人もいるかもしれません。

この考えに対して反対するつもりは全くありません。とくに、精神的に辛い状況にある人は、積極的に休み、自分を大切にする必要があります。

ただ、こういった〝自分の考え〟を大事にする世の中だからこそ、〝頭のよさは他人が決める〟という前提に立って考えることがより効果を発揮すると思っています。いったん、とことん相手の立場に立って考える癖をつけ、〝頭のいい人〟になればとてもラクです。

私は今まで、自分のやりたいことを押し通そうとするあまり、せっかく優秀なのに失脚していった組織の人をたくさん見てきました。

皆が自分の考えを優先する時代だからこそ、いったん相手の立場に立って、頭のいい人になってみる。

人は頭のいい人の話を聞こうとします。頭のいい人がすすめるものをほしくなります。頭のいい人と認められれば、自分のやりたいことも通りやすくなるのです。

一生懸命プレゼンテーションしても企画が通らない人と、簡単に説明するだけでやりたいことができてしまう人。その差はその人が周りから〝頭がいい〟と思われているかどうか。その信頼感があるかどうかが非常に大きいのです。

ただ、相手の立場に立って考えるといっても、常にそうしなければいけないわけではありません。話す前だけでいいのです。普段は、自分の感覚を大切にしながら、ぼんやりと好きなことを考える。話す前だけ、頭のよさは他人が決めるという前提で思考の質を高めれば十分です。

〝頭のよさは他人が決める〟というのは、社会的動物である私たち人間が、結果的に自分らしく生きるために必要不可欠な考え方なのです。

黄金法則 その2

頭のよさは、他人が決める

その 3

なぜ、コンサルは入社1年目でもその道30年の社長にアドバイスできるのか？

賢いふりをするな、賢くふるまえ

「はじめに」でお話ししたように、私は22年前、〝お客さんが不安になるようなふるまい〟しかできず、コンサルタント失格の言葉をもらいました。

この日から、必死でクライアントの信用を取り戻す方法を探りました。お客さんにどのように話をし、どのようにふるまえばよいのか。お客さんの悩みをどう取り扱えばよいのか。それは、言ってしまえば〝賢いふるまい〟を身につけることでもありました。

「えっと、それって賢いふりをすること!?」

〝頭のよさは他人が決める〟〝賢いふるまい〟と聞くとこう感じる人もいます。

相手が頭のよさを決めると考えると、相手に頭がいいと思ってもらうために、賢いふりをする必要があると思っても不思議ではありません。

しかし、真逆です。

頭のいい人は、頭のいいふりをする必要はありません。

賢いふりをするのは、本当に頭のいい人の賢いふるまいとは真逆なのです。

賢いふりでは人の心を動かせない

たとえば「なんか言っているようで、何も言ってない発言」をする人たちは、「賢いふりをする人」の代表例です。

あなたの周りには、このようなことを言う人はいませんか？

新商品の具体的なアイデアを検討する場で

「ユーザーのニーズをとらえて、適切に施策を打つべきですよね」

と、いかにも正しいけど、なんのアイデアにもなっていない発言。

お客さんからクレームがあり相談したところ、

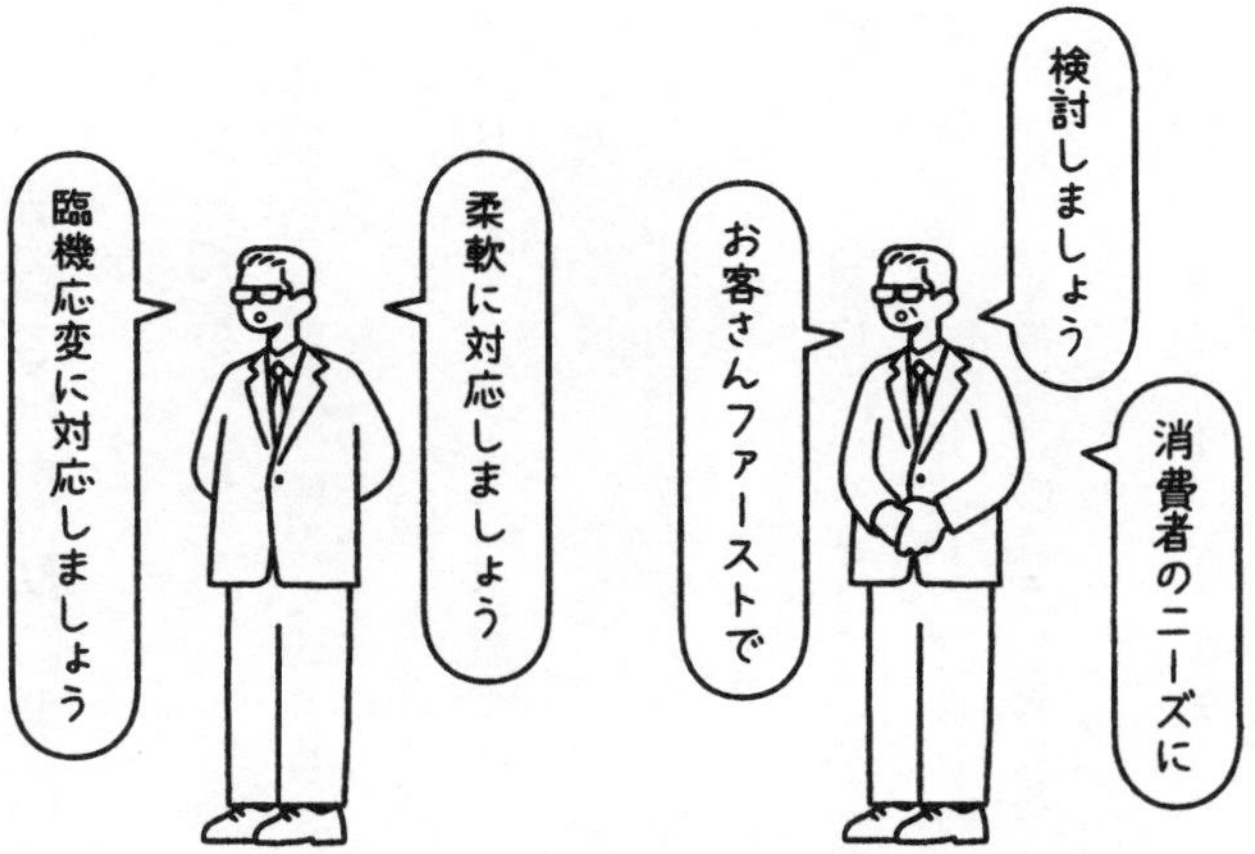

何かを言っているようで何も言っていない人たち

「お客さんにとって何が一番か、よく考えて」

正論だけど中身のないアドバイス。

他にも「何がいいかは目的によりますね」とだけ言う人。「議論が必要ですね」とだけ言う人。「検討を重ねましょう」と言って、何もしない人。

このような発言は、間違っているわけではありません。

しかし、実際には中身がない**「賢いふり」は、その場しのぎにはよいですが、人の心を動かしません。このような発言を繰り返していると、聞く耳を持たれなくなってしまいます。**

会議では最初に発言せよ

ある会議でのことです。

参加者がひと通り報告し終えると、会議を仕切る部門長は口を開きました。

何か考えがある人は発表せよ。

少しばかり沈黙が続いたのち、20代後半の若手社員が、手を挙げ発言しました。

では、意見を述べさせていただきます。このサービスですが、現在、売上の調子が良くない理由は、〝キャッチコピー〟にあると考えています。（中略）キャッチコピーを以下のように変えることです。

そして、彼は自分の考えてきたキャッチコピーを披露しました。しかし、彼が考えたというキャッチコピーはお世辞にも優れているとは言えないものでした。

すかさず他の社員から声が上がり、「問題はキャッチじゃないでしょう、価格ですよ」「キャッチというのは間違っていないように思うが、このキャッチではねぇ……」などと、質問、批判が相次ぎました。意見した若手社員は落ち込んでいるようでした。

ですが、部門長は言いました。

非常に良い意見だ。私は気づいていなかった。検討事項に加えよう。

その後、会議は「キャッチコピー」のみならず、価格設定、ターゲットの再設定、営業の方法まで、多岐にわたり話が展開し、新しい施策がまとまり、会議は終了。

私は部門長に「なぜ、あのキャッチコピーを〝良い意見〟とおっしゃったのですか？」と質問しました。すると部門長は言いました。

安達さん、どんな仕事でも、一番偉いのは〝最初に案を出す人〟なんですよ。批判なんてだれでもできる。でも、〝最初に案を出す〟のは勇気もいるし、なにより皆からバカにされないように一生懸命勉強しなければいけない。だから、最初に案を出すやつを尊重するのは仕事では当たり前です。

目からウロコでした。

最初に発言した若者は、キャッチコピーの案が稚拙だったとしても、会議を活性化させ、最終的に新しい施策にたどり着くきっかけを作りました。

これこそ、賢いふるまいなのです。

賢いふりをしようとすると、最初に発言するより、他の人の話を聞いてから発言したほうが、いいと判断するでしょう。まさしく若手のキャッチコピーを批判した人たちのように。

ただ、評価されたのは、最初に発言した若者です。

このように、賢いふるまいとは賢いふりをすることではないのです。

「信頼」が生まれる瞬間

入社8ヶ月で「安達さん、大丈夫？」と言われてから約半年後、プロジェクトが終わりました。大変ありがたいことに、その後も、契約を継続していただき、社長からは感謝の言葉までいただきました。この社長との関係はその後も続き、相談役としての役割を何年も続けることができたのです。

では、なぜ社会人1年目の若造が、その道30年の社長の相談役を務めることができたのでしょうか？　まず、社長の心情が

「この人に任せて大丈夫かな？（ちゃんと考えられるか？）」

↓

「優秀だな（ちゃんと考えてるな）」

と変わったと考えられます。

しかし〝優秀だな〟と思っただけで、次も仕事を頼むでしょうか？　継続的に仕

事をもらい、長期的な関係を築くには、信頼が必要です。信頼が生まれるには、〝優秀だな〟だけでは足りません。つまり、単なる〝頭がいい〟だけでは、ただ頭がいいだけで終わってしまい、結果につながらない可能性があるのです。

信頼が生まれる瞬間の心情はこうです。

〝この人、我々のためにちゃんと考えてくれてるな〟

相手がこの心情になったとき、信頼が生まれ、長期的な関係につながります。

たとえば、不動産の営業。

〝この人、自分のノルマのために売ろうとしているな〟

と営業の人の気持ちが見え透いたとき、あなたはその人から買いたいと思うでしょうか？　頭がいいかもしれないけど、本当にこの人は私のことをちゃんと考えてくれてるのか、信頼ではなく、疑念が生まれるはずです。逆に、

〝この人、私のこと、真剣に考えてくれてるな〟

と心から思えたとき、その人から買いたいと思い、それだけではなく、次引っ越しをするときもこの人にお願いしてみよう、と思うのではないでしょうか？

ビジネスシーンだけではなく、プライベートにおいても、**〝ちゃんと考えてくれてるな〟**と思う人と長期的に関係を築きたいと多くの人が思うはずです。

本書でお伝えするのは、「大丈夫か？」から「ちゃんと考えている」を超えて「ちゃんと考えてくれてるな」まで、信頼を取り戻し相手の心を動かす方法なのです。

「どう思う？」にどう答える？

さて、お待たせしました。ここで「はじめに」の問題の解答にまいりましょう。

問題2

「この青の服と、白の服、どっちがいいと思う？」
デートで買い物中、相手からこう聞かれたら、あなたはどう答えますか？

これは私が妻と買い物に行ったときに、何度か聞かれた質問です。パートナーから選択を迫られる、よくあるシチュエーションだと思います。

私は当初、何も考えず、直感的に「白がいいと思う」などと答えていました。だって、私の好みだから。すると、**なぜか妻が少し不機嫌になる**のです。

思い当たる方もいるかもしれませんが、「どっちがいいと思う?」と聞かれて素直に思ったことを答えてはいけないのでしょうか?

このようなとっさの場面で、考えているか、「ちゃんと考えている人」と「考えていない人」の差は生まれます。

たとえば、上司から会議中、クライアントから打ち合わせ中、「どう思います?」とふいに聞かれたら、どう答えるのか。

このような場面。いわゆる、フリートークのふとした瞬間の会話の中に知性は現れるのです。

話を戻しましょう。

「この青の服と、白の服、どっちがいいと思う?」に、どう答えるか。

最も適切な回答は、

「白と青、それぞれ、どこがいいと思ったの？」

です。

過去の私のように「白がいい」と素直に答えたときの妻とのやりとりは、こうです。

この青の服と、白の服、どっちがいいと思う？

そうだねー白がいいんじゃない？

そっかー……んー……。

「どっちも似合ってるよ！」と答える手もあるかもしれません。

この青の服と、白の服、どっちがいいと思う？

どっちも似合ってるよ！

う、うん。ありがとう……。

そして、「**白と青、それぞれ、どこがいいと思ったの？**」と答えた場合、

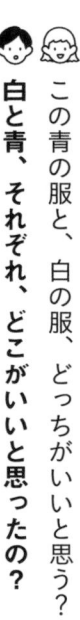

この青の服と、白の服、どっちがいいと思う？

白と青、それぞれ、どこがいいと思ったの？

こっちの青いほうはデザインが好きなのだけど、そっちの白いほうが今度行く旅行先には合ってるかと思って……。

率直に言って、どっちがいいと思ってるの？

青いほうが好きだけど……。

今度行く場所なら、青でも良いと思うし、いろいろな場所で青は使いやすいと思うよ。

そっかーありがとう！

あるとき、なぜ「好きな色」を素直に答えたら不機嫌になったのか、妻に聞いてみました。

答えは「**私のことちゃんと考えてくれてない気がしたから**」でした。

プライベートでも、同じなのです。友人関係でも、恋人関係でも、

〝この人、私のことちゃんと考えてくれている〟

という心情になったとき、また話したいと思うはずです。

コンサルで身につけたコミュニケーション能力（社会的知性）が、プライベートにも活きると感じた瞬間でした。

ちなみに、「この青の服と、白の服、どっちがいいと思う？」に対して、「最近のファッションの流行ってさ……」と自分の知識を披露する人がいます。

みなさん、もうおわかりですね。

これこそ、〝賢いふり〟です。

黄金法則　その3

人はちゃんと考えてくれている人を信頼する

その 4

頭のいい人は、論破しない

テレビに影響を受けて論破しようとする人

近年、〝論破〟という言葉が多用されるようになりました。

論破ショーなるものが、テレビやネットの番組で数多く放送され、「はい、論破」などというフレーズが流行っていることの影響もあるでしょう。

しかし、論破しようとする人は決して、頭がいいとはいえません。

仮に論破できたとしても、信頼されるどころか恨まれかねませんし、論理的に説得できたからといって人が動くわけではありません。

テレビ番組は、議論して、良い解決策を見つけることが目的なのではなく、あくまでショーとして、視聴者にプロレス的なもみ合いを見せることを目的としています。そのショーに影響を受けて、人と議論するたびに相手を論破しようとするのは、プロレスに影響を受けて、プライベートでいきなりプロレス技をかけようとするようなものです。仲のいい友達ならじゃれ合いとして成立するかもしれませんが、ビジネス現場では、軽蔑されるだけです。

頭のいい人は、決して論破しようとしません。

議論はしても、勝ち負けにこだわらず、議論を前に進め、仕事を進捗させることを意識します。

コンサルタントとしても、このように叩き込まれました。

人と闘うな、課題と闘え。

クレーム対応がうまい人の特徴

〝クレーム対応で仕事ができるかどうかがわかる〟

と唱える人がいますが、私の知人もそのひとりです。

彼は、家具店で正社員として働いていましたが、クレーム対応は直接売上につながるわけではないので、避ける人も多かったといいます。だからこそクレーム対応のうまい人がアルバイトからも、上司からも信頼が厚く、出世していくのだそうです。

ある日、閉店間際に電話がかかってきました。

食器棚がさっき届いたが、引き出しの底に小さな傷がついている、今すぐ交換しにこい！

相当お怒りのようです。聞くところによると、配送員の態度も悪かったそうです。しかし、食器棚の在庫を調べてみると今すぐ用意できるものがなく、取り寄せるのに4日ほどかかってしまいます。その旨をお客さんに伝えると

ふざけるな！　今すぐもってこい！

と激昂（げきこう）しました。とはいっても、商品がないので持っていきようがありません。

ここで、クレーム対応が苦手な人は〝できないものはできない〟と相手を説得しようとします。すると、相手と対立することになり、話がこじれてしまいます。

でも彼は説得するのではなく、お客さんの話を丁寧に聞きました。するとこんな話になりました。

明日はお仕事でしょうか？

いや、明日から3連休だ。家族で旅行に行くんだ。子どもたちも楽しみにしてる。だから早くもってこい！

なるほど、それで今日……。

古い食器棚から家族5人分すべての食器を出して待ってたんだ。

お客さんが、なぜこれほど怒っていたのか、彼はやっと理解しました。

食器棚に傷がついたことに怒っていたのではなく、配送員の態度に怒っていたのでもなく、**食器棚を新しくして、スッキリした気持ちで明日から家族で旅行に行こうと思っていた、その気持ちを削がれたことに怒っていた**のです。

これが、お客さんの抱える本質的な課題でした。

でも、食器棚の在庫がないことは事実です。

そこで彼は、隣の店舗で、できるだけ状態のいい展示品の引き出しを確保してもらい、その状態のいい引き出しと、あるものを買ってお客さんの家に向かいました。

では、ここで問題です。

問題3

彼が怒っているお客さんの家に、引き出しとともに持っていったものとは？

さあ、みなさんならどうしますか？

正解は、子どもが好きなキャラクターのお菓子やゼリーのセットでした。

そして、こう言いました。

できるだけ状態のいい引き出しを他店舗から持ってきました。展示品ではありますが、新品も最短で取り寄せる手配をしております。こちら、もしよろしければ、道中の車の中で召し上がってください。

彼は、スッキリした気持ちで旅行に行きたかった、というお客さんの気持ちを汲み取り、より楽しい旅行ができるように、お菓子を渡したのです。

するとお客さんは、ケロッとして、ありがとうと言い、結局、後日新品の引き出しと交換することなく、展示品のままで納得してくれたそうです。

勝ち負けは気にしない

彼がそこで、今すぐ商品をお持ちできない理由を論理的に説明していたら、どうなっていたでしょう。お客さんは納得するどころか、より怒っていたでしょう。

頭のいい人は、議論の勝ち負けではなく、議論の奥にある、本質的な課題を見極めようとします。

議論になるのは、その人の根底に何か想いがあるからです。

彼は、食器棚の傷に怒るお客さんの根底にある、〝スッキリとした気持ちで旅行に行きたい〟という気持ちに気づき、その課題を解決するために、奔走しました。結果的に、新品を取り寄せずにすんだのですから、お菓子代はかかったものの、コストは安くすみました。対応を誤り、お客さんを激昂させていたら、そのお客さんは一生お店に来てくれない可能性もあるので、長期的に考えると、お菓子代だけで会社に利益をもたらしたことになります。

ちゃんと考えて話すというのは、〝相手の言っていることから、その奥に潜む想いを想像して話す〟ということでもあります。そしてそれは、学校的知性ではなく社会的知性がもたらすものなのです。

黄金法則　その4

人と闘うな、課題と闘え

その 5

「話し方」だけうまくなるな

話し方で心は動かない

問題4

「好きです。付き合ってください」
「ごめんなさい」

あなたの友人が、好きな人にこのように告白して、フラれてしまったとします。
友人がフラれた原因は、どちらにあるでしょう？

①告白の仕方にある
②告白するまでにある

よほどのことがない限り、答えは②でしょう。

にもかかわらず、「告白の仕方が悪かったんだ」と思い、必死に、「上手な告白の仕方」や「ラブレターの上手な書き方」を学んでる人がたくさんいます。

想いが強いほど、「自分の想いを伝えたい！」と必死になる気持ちはわかります。

しかし、ロマンチックな告白や感動的なラブレターを書いても、答えは「ごめんなさい」のままだと思いませんか。

素敵な告白をして、「ありがとう、気持ちは嬉しいです」とか「あなたが悪いわけではない」というフォローが加わる可能性はあります。

ただ、仮に想いが伝わったとしても、相手の心は動かない。結果は変わらない。

型を覚えれば伝わるのか？

このように、恋愛にたとえると多くの人が納得してくれるのですが、恋愛以外に

なると、とりわけビジネスシーンにおいては、

〝なぜ伝わらないんだろう〟

と告白の仕方、つまり「話し方」を一生懸命良くしようとしている人が少なくありません。

書店のビジネス書コーナーには、たくさんの話し方本が並んでいます。真面目な人ほど、これらの話し方の本を読んで、話し方を変えようとします。

私も、話し方や雑談力、説明力の本を買って読みましたが、これらの多くには〝型〟や〝ルール〟が載っています。

この型に当てはめるだけで、伝わりそうな気がします。

オシャレな言い回し、頭のよさそうな説明ができます。同じ内容でも話し方を変えるだけで伝わりそうな気がする……。

でも、**実際にやってみると、伝わらない……。**

仮に伝わっても、心は動かない……。

ということがよく起こります。

型に当てはめると、ちゃんと考えたような気になります。

しかし本当のところは、**型に当てはめるだけでは考えたことにならない**のです。

〝型に当てはめるだけで伝わるようになる〟という謳い文句は、〝型に当てはめるだけでいいので、考える手間が省けます〟という意味だと思っていいでしょう。

たとえば、型に当てはめて、一見良いプレゼンができたとしても、ちゃんと考えていないと、その後の質問にうまく答えられず、ボロが出ます。

信頼が生まれるのは、プレゼンがうまくできた瞬間ではありません。プレゼンの後の双方向のコミュニケーションによって生まれます。セミナーも満足度が高いのは「質疑応答」の時間を長くとり、お客さんとのやりとりを濃くしたときです。そこでちゃんと考えているか考えていないかの差が生まれるのです。

雑にできない「雑談」なんてしなくていい

コピーライターの谷山雅計(まさかず)氏は、『広告コピーってこう書くんだ！読本』の中で「企画書だけうまくなってはいけない」と言います。いい企画を作れる能力が自分にないうちに、体裁のいい企画書を書こうとすると、「実際には考えてもいないことをさも考えたかのように書いてみたり、取りつくろったりしてしまいかねない」そうです。谷山氏は、とにかく、まずはいい企画を考える能力を身につけることが大切だ、と言います。

話し方も同様です。

説明力の本には、30〜40もの説明の型が書いてあることがありますが、そんなに型を覚えるくらいなら、他に覚えたほうがいいものはたくさんあります。

また、とある雑談の本には60ものルールが載っていました。そんなにルールのある会話は、〝雑〟談ではありません。**雑にできない雑談なんて、別にしなくていいと思います。**

もちろん、雑談からアイデアが生まれたり、相手との思わぬ共通点が見つかって盛り上がったりすることもあります。ただ、そういった密度の高い雑談ができるのは、それまでのコミュニケーションや普段考えたことの蓄積があってこそです。

噺家や、セミナー講師など、話すこと自体を本職とする人は別にして、一般の人は、ちゃんと考えることができていれば、ただ考えたことを話すだけでいいのです。

型やルールを何十個も覚える必要はありません。もちろん、ちゃんと考えた上で、話し方を工夫すればより伝わる可能性は高まるでしょう。

型を覚えたからといって、人の心を動かすことができないのは、〝ココロも満タンに〟や〝目の付けどころが、シャープでしょ。〟などのコピーで知られる、日本を代表するコピーライターの仲畑貴志氏の「AIとクリエイター」に関する記事からも見てとれます。

電通が開発した、広告コピーを自動でつくるAIの「AICO」にこれまでの僕のコピーを全部入れたの。そうしたら、AIは僕がよく使う言葉を使った変なフレーズのコピーを出してきた。時に、その中に面白い表現もあったのだけれど、それはあくまで〝誤変換〟の面白さみたいなものであって、人の心を奪うところまではいっていない。

『宣伝会議　2019年9月号』より

AIは原理的に、型通りの出力をするのは得意ですが、独創性を発揮するのは苦手です。ですから、「型に当てはめるだけの仕事のやり方」は今後、ＡＩにとって代わられてしまうでしょう。

実際私は、コンサルティング会社に入社してすぐ、コミュニケーションに関して、上司からこのように言われました。

「黙っていい、むしろ積極的に沈黙しろ」

「コミュニケーション能力が高い＝話すのが上手」と思っていたので、驚いたと同時に、口ベタだった私は少し安心しました。

そのことを上司に伝えると、こう返ってきました。

「言い方には気をつけるべきだが、うまく話せる必要はない」

この言葉の真意を新米のころは理解していませんでした。正直なところ、〝うまく話せたほうがいいでしょ〟と思っていました。

しかし、今ではこの言葉の意味がよくわかります。当然ですが口がうまくなることが悪いことではありません。

しかし、口がうまくなることをゴールにしても意味がないどころか、むしろ逆効果になることさえあるのです。なぜなら、口がうまいと、簡単に〝賢いふり〟ができてしまうからです。学生なら、その場のノリや可愛げで乗り切れるかもしれません。そういった、上っ面のコミュニケーションでなんとかなるのは若いうちだけで、そういう人は歳をとるにつれて、通用しなくなります。

忘れないでほしいのは、たとえ、話がうまい人と同じようにうまく話せても、期待するような結果を得ることは容易ではない、ということです。

お笑い芸人の「すべらない話」をそっくりそのまま真似ることができても、お笑い芸人と同じように爆笑をとることはできないように。

真面目な人ほどハマる「テクニックのジレンマ」

近年、口がうまいだけでは、通用しなくなったとつくづく思います。

中身のない政治家の発言はSNSで嘲笑され、「何か言っているようで、何も言っていない」とネタにされてしまいます。

一昔前なら表に出なかった、芸能人や企業幹部の失言も目立つようになりました。

小さな講演会のジョークのつもりで言ったひと言が、SNSで瞬く間に拡散され、謝罪する羽目になる。そんなシーンをニュースなどで見たことがあるでしょう。

炎上しているのを見て、「なんでそんなことを言っちゃったんだろう?」と思った人もいるかもしれません。人間は常に緊張感を保つことは難しいので、どれだけ気をつけて話そうと思っても、考えていることが露呈してしまう瞬間があります。それがSNSによって拡散され、我々の目に入るようになったのです。

ビジネスもプライベートも、だれかと長期的な関係を築くには、信頼感が不可欠です。社会人になって求められる頭のよさは、信頼を伴う頭のよさなのです。

私も新人のとき、周りから、賢く思われようと、必死で賢いふりをしていた時期がありました。正確には、賢いふりと賢いふるまいの違いもよくわからず、必死でした。

しかし、あるときクライアントからこう言われたのです。「安達さん、そういうのはいいからさ、ごまかさないではっきり言ってよ」と。

賢いふりをすればするほど、残念ながら、バカに見えてしまいます。誤魔化せたと思っているのは本人だけで、とくに頭のいい人には、すぐに見破られます。話し方だけでは、信頼を得ることはできないのです。

これはのちに気づいたことですが、テクニックに頼ることで陥ってしまう「ジレンマ」にこのときの私はハマりかけていました。

たとえば、話し方や会話、聞き方の本でよく書かれているのは、「オウム返し」のテクニックです。これは、相手に「話を聞いている」「共感している」ことを示す、とても大事なテクニックです。

しかし、想像してみてください。そのつどオウム返しをされるとどう感じるでしょうか？

この人、ちゃんと話聞いているかな？　私をバカにしているのか？

と思うのではないでしょうか。

話を聞いていると示そうとしたのに、逆に「聞いてない」と疑われてしまう。賢いと思われようとして、逆に、バカに見えてしまう。これが真面目な人ほど、陥りがちなテクニックのジレンマなのです。

繰り返しになりますが、話す前にちゃんと考えるということは、型に当てはめることでも、テクニックで賢いふりをすることでもないのです。

とはいえ、型に頼りたくなるときもあるでしょう。大事なのは、**「型」はあくまで、考える〝きっかけ〟ととらえることです。**型に当てはめて、自分の考えの欠点に気づくことができれば、より思考を深めることができます。

そして、**相手に伝わらなければ、話し方が悪かったのではなく、考えが浅かったと考える。**

これが、実際に頭がいい人のマインドであり、思考の質を高めるポイントです。

黄金法則 その5

伝わらないのは、話し方ではなく考えが足りないせい

その 6

知識が「知性」に変わるとき

頭のいい人は〝賢いふり〟ではなく〝知らないふり〟をする

私が仕事の真髄を教わった人のひとり、Aさんの話をしましょう。

Aさんは頭脳明晰で、社内の人からも、クライアントからも慕われていました。マーケティングに極めて明るく、本を執筆し、講演はいつも満員になるような人気の人でした。

しかし、クライアント先で彼は、その能力や知識を誇示するどころか〝知らないふり〟に徹していたのです。

私は彼の言動を見て、**真に頭のいい人は賢いふりではなく、〝知らないふり〟ができる人なのだ**と学びました。

たとえば、ある会社のマーケティング責任者とAさんとの会話は、次のような感じでした。

安達さんからAさんのお話を聞きまして、ぜひ一度ご相談したかったのです。

ありがとうございます。

新商品が先月に出まして、プレスリリースを打ち、特設サイトも用意したのですが、これがサッパリ反響がなくて。サイトから少し問い合わせがあったくらいです。

ほうほう、反響がなかった。

かなり練ったんですが……。

ここに書いてある「3つの特長」という部分は、やっぱり新商品の売りなのでしょうか？

そうです。

なるほどー。

何か気になる点はありましたか？

いえいえ。あと、差し支えなければ、逆にみなさんが今回、何が原因だとお考えか、教えていただけないでしょうかね？

Aさんはクライアントのプレスリリースのどこが問題だったのか、ひと目でわかっていました。しかし、Aさんは何も言いません。クライアントが、彼に促されて話すだけです。

あ、はい。今、社内で原因と考えているのが、差別化の失敗です。

どこが競合他社と違うのですか？

ここの「圧倒的品質」のところです。

……具体的に品質の何が違うのでしょうか？

あ……、ここは……、んー？　私もちょっとわからないですね……。おーい、ちょっと担当者呼んできてくれ。

そして、担当者が呼ばれるのですが、担当者にも彼は同じ態度でした。

ここをもう少し詳しく説明してもらってもいいですか？

やっぱりこの説明じゃわかりにくいでしょうか？

いえいえ、ちょっと気になっただけです。

おいおい、やっぱり、この説明わかりにくいぞ。

そうですね、もう少し丁寧でもいいかもしれません。

そうですね……。

不思議なことに、彼はクライアントに〝逐一聞いているだけ〟なのに、結果的に、クライアントの責任者も担当者も、問題を自己解決してしまい、「こうすればよかったんだ」と、大満足して帰っていきました。

後日、その責任者からメールが届きました。そのメールには、Aさんは知的で信頼できる人であるという評価とそんなAさんを紹介してくれたことに対する感謝の気持ちが綴られていました。

簡単にアドバイスするな

ただ、ここでAさんはほとんど自分の話をしていません。

専門のマーケティングの知識も、クライアントの相談に対する正解も、持ち合わせていましたが、ほとんど相手の話を聞くことに徹していました。そして、責任者と担当者のマーケティングに対する考え方を理解したあとで、最後に自分の意見を少し述べただけでした。

コンサルに入ってまず、**簡単にアドバイスするな、意見を言うな、とにかく相手に話してもらえ**、と徹底的に教えられました。コンサルはアドバイスする仕事だと思っていた私は驚きました。

人間は、自分の話をしたい生き物です。知識があれば、披露したくなります。

Aさんのマーケティングに対する知識は圧倒的に相手よりありました。なので、相手の話はそこそこに〝マーケティングはかくあるべき〟を語ることもできました。

しかし、Aさんはしなかった。なぜか。それは、

知識は披露するのではなく、だれかのために使って初めて知性となる

からです。

Aさんはマーケティングの知識はクライアントに比べて圧倒的にありましたが、それらの知識が必ずしも相手のためになるとは限りません。

ですからAさんは、本当に相手のためになることは何なのか？　を考えながら話を聞いていたのでしょう。マーケティングの知識を披露すれば、クライアントが「いい話を聞けた」と、満足するかもしれませんが、具体的な行動に結びつくとは限りません。ましてや「こうやればいいんですよ」と答えを提示したところで、相手の腑に落ちなければ、心が動かない。

Aさんは、知識を披露するのではなく〝一緒に考えて、自分で気づいてもらい、背中を押す〟ということをやったのです。結果的に、紹介した私まで大きな信頼を得ました。

知性があふれる瞬間

たとえば、コーヒーに詳しい男性がいたとします。

その男性が女性と喫茶店に入り、メニューを見ます。

女性がさまざまな飲み物の中から、「カフェオレ」を注文しようとしています。そこで、

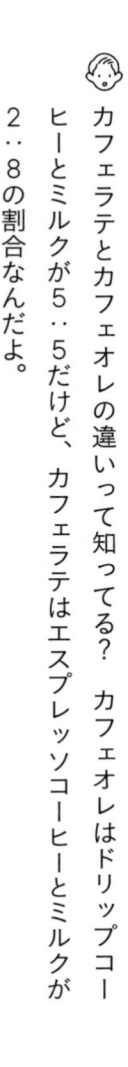

カフェラテとカフェオレの違いって知ってる？　カフェオレはドリップコーヒーとミルクが5：5だけど、カフェラテはエスプレッソコーヒーとミルクが2：8の割合なんだよ。

なんて話し始めたらそれは、知識の披露であり、賢いふりにすぎません。しかし、女性が「ちなみにデカフェってないんですかね？」と店員さんに聞いたときにこのように話したらどうでしょう。

もしカフェインが苦手なら、カフェオレよりかカフェラテのほうがいいかも。

そうなんですか？

カフェオレよりカフェラテのほうがカフェインが少ないはずだから。

と言ったなら、知識の披露ではなく、相手のために知識を使ったことになります。

人間は自分の話ばかりして、ベラベラ知識を披露している人に、知性を感じません。

大切なのは何かを話したくなったときに、〝それは相手のためになるか〟の視点で考えることです。もちろん、その知識が相手のためになるかどうかは、話してみないとわからないことです。そして、アドバイスに関しては、アドバイスする人はみな、相手のためになると思って言っています。

ただ、話す前に**〝本当に相手のためになるのか？〟と立ち止まることで、知識を披露したいだけ、ただ言いたいだけの自分に気づくことができます。**

頭のいい人は自分を客観的にとらえる能力に長けています。話す前に、相手の立場に立つことで、自分を客観視できるのです。

まとめると、話す前にちゃんと考えるということは、自分の知識の披露ではなく、〝これから話すことは本当に相手のためになるのか？〟という視点を持つことです。

とはいえ、人間は自分の知識を披露したくなるものです。それは、人間の基本的欲求のひとつである承認欲求が関わってきます。

次は、この承認欲求の話をしましょう。

黄金法則　その6

知識はだれかのために使って初めて知性となる

その **7**

承認欲求をコントロールできる者がコミュニケーションの強者になれる

人心掌握の達人・田中角栄が秘書に出した指示とは？

コミュニケーションにおいて〝話が上手になること〟よりもはるかに大切なことがあります。それは**〝承認欲求をどうコントロールするか〟**です。

同志社大学教授の太田肇氏は、著書『お金より名誉のモチベーション論』の中で、人は他人から認められたい、尊敬されたいと願っており、それによって動機づけられるものだと述べ、それを「承認人」（ホモ・リスペクタス）と名づけています。

昨今のSNSの台頭をみても、人は多かれ少なかれ「承認欲求」によって突き動かされるのは間違いないでしょう。ほとんどの人間はみな周りから認められ、賞賛されたいと思っています。前項でお話しした〝つい知識を披露したくなる〟のも、この承認欲求があるゆえです。

しかし、裏を返せば、**自分の承認欲求は抑制し、他者の承認欲求を満たすことができれば、「コミュニケーションの強者」になることが可能**だということです。

周囲から〝カリスマ〟などと言われ、絶大なる信頼を得ている政治家や経営者は、往々にして承認欲求のコントロールに長けています。

たとえば、最も影響力のあった政治家のひとり、田中角栄は秘書から支持者にカネを配るとき、秘書にこう言ったそうです。

「いいか、きみが候補者にカネをくれてやるなんて気持ちが露かけらでもあれば必ず顔色に出る。そうすれば相手は百倍、千倍にも感じる。百万、二百万を届けたところで一銭の値打ちもなくなるんだ」
田中が金権政治の権化のようにいわれながらも、憎めないキャラクターと見なされるゆえんであろう。

服部龍二著『田中角栄　昭和の光と闇』より

コミュニケーションの強者になる ふたつの条件

田中角栄はこのように、あえて秘書から頭を下げ、カネを納めてもらうべく丁重にお願いするように指示しました。

〝カネを渡す〟ことが大事なのではなく、**〝候補者の自尊心を傷つけずにカネを渡す〟ことが大事**なのだと、田中角栄は理解していたのでしょう。

田中角栄はのちに賄賂で捕まっていますので、笑えないエピソードではありますが、彼があれほどまで支持され、今でも日本を変えた政治家として名を馳せている理由はよくわかります。

信頼を得ないと仕事にならないのは政治家だけではありません。

しかしながら「自己の抑制」と「他者の承認」の両立は、それほど簡単なことではありません。自制しつつ、他者を賞賛するにはそれなりの精神力が必要とされるからです。

承認欲求をコントロールし、コミュニケーションの強者になるには、ふたつの条件があります。

強者の条件 1 自信を持つこと

自尊心が低く、自分に自信がない人間は、他者をうまく承認することができません。

自尊心とは、自分で自分を尊重し、受け入れる態度のことです。自尊心が低いと自分で自分を肯定できないため、他者の承認が必要になってくるのです。

一見、社会的に成功している人物であっても自尊心が低く「他者に承認を要求すること」しかできない人物は「承認欲求を欲する立場」ですから、コミュニケーションにおいては弱者といえます。

強者の条件 2

口（自己アピール）ではなく、結果で自分自身の有能さを示すこと

「へぇ、そうなんだ！　すごいね！　そういえば私さ……」

このようになんでもすぐに自分の話をしようとする人がいます。相手の話に反応はしつつも、すぐ自分の話に引き込もうとする人です。

このような人は「他者の承認」をすると、その分、釣り合いを取ろうとして自分の話をせずにはいられないのです。

しかし、それは自己アピールによって承認を得ようとする態度であり、コミュニケーション強者の態度とはいえません。

他者は褒めつつ、自分は「なんでもない人間です」という顔をするのが、コミュニケーション強者の態度であり、知的で慕われる人の態度です。

承認欲求をコントロールし、コミュニケーションの強者になるには、自分の話（自己PR）で他者の承認を得ようとせず、他者の承認は、結果によって得られると強く認識する必要があります。

カリスマはどのように生まれるのか？

「そんなことを言っても、相手から〝大したことない奴〟と舐められてしまうのでは？」

と思う方もいるでしょう。それでいいのです。

コミュニケーション強者の胸の内はこうです。

「相手が承認を求めているのであれば、思い切り承認してやろう。逆に、私が彼に承認されるかどうかは、私が彼に何をしてやったかによる」と。

他者からの承認は、肩書きによって得られるものではありません。社長だから、役員だから承認されるのではないのです。肩書きだけで承認してくる人は、立場を利用したいという下心のある、媚を売る人間だけです。

では人はどのようなときに、他者を承認したくなるのでしょうか？

それは、**〝親切にされたとき〟**です。

つまり、結果を出した上で、他者に親切にできる人が、他者から承認を得て、信頼されるのです。

結果を出した上で、他者に親切にできる人物は徐々に「カリスマ」と呼ばれるようになります。

カリスマは自称するものではありません。

本人に親切にされた多くの人が、「この人はすごい」と吹聴して回ることで、その人が徐々に神格化されていくのです。

実際、カリスマと称される人に直接会ってみると、とても感じのいい人であったり、思った以上に優しい人だったりします。

有名人に会って、「意外と普通でした」とコメントする人を見かけますが、これこそ、正直な反応なのです。

私がお会いした経営者の中に、社員の承認欲求を満たすことがめっぽううまい経営者がいました。

その経営者は自社の社員の一人ひとりの子どもの受験日まで覚えていて「息子さんの受験が心配なら、今日は帰ったらどうだ」とか、社員の配偶者の誕生日には必ず花を届けさせる、とか、細かく他者に親切にすることを実践するのです。

もちろん、その経営者は意図的にやっています。

その一連の行動は「形だけ」ではなく、本気でした。

ゆえに、社員たちは「あの社長は本当にすごい。カリスマを感じる」と言うのです。

このように、**コミュニケーションの強者は、承認欲求を満たしてもらう側ではなく、承認欲求を満たす側に回ることで、上手に信頼を得るのです。**

出世して肩書きがつくと「肩書き」があるから他者から承認されると勘違いする人がいます。もちろん、ビジネス上、その肩書きにすり寄ってくる人もいます。

しかし、他者からの信頼は、肩書きがあるから得られるものではないことを忘れないでください。肩書きがあった上で、他者に親切にできる人こそ、絶対的な信頼を得られるのです。

トップは親切と承認とを与え、取り巻きは忠節と権力の基盤を提供する。

それはいうなれば、古代ローマのパトローネス（主に貴族）とクリエンテス（貴族に仕える従者）の関係のように、一方的な支配ではなく、お互いに「与え合う」互恵関係によるものなのです。

黄金法則　その7

承認欲求を満たす側に回れ

「知性」と「信頼」を同時にもたらす
7つの黄金法則

その1 とにかく反応するな

その2 頭のよさは、他人が決める

その3 人はちゃんと考えてくれてる人を信頼する

その4 人と闘うな、課題と闘え

話すたびに
頭がよくなるシート

HANASU TABI NI ATAMA GA YOKUNARU SHEET

その5
伝わらないのは、
話し方ではなく
考えが足りないせい

その6
知識はだれかのために使って
初めて知性となる

その7
承認欲求を
満たす側に回れ

7つの黄金法則は、
ベースとなる考え方であり、
一種の哲学です。

ここからは、
この哲学をベースに、
深く考える
具体的な方法を
5つお伝えしていきます。

7つの黄金法則と、
5つの思考法。

これらを身につけた暁には、
あなたは間違いなく
〝頭のいい人〟に
なっていることでしょう。

第2部

一気に頭のいい人になる

思考の深め方

「知性」と「信頼」を
同時にもたらす5つの思考法

深く考えるための5つの道具

その①「客観視」の思考法

その②「整理」の思考法

その③「傾聴」の思考法

その④「質問」の思考法

その⑤「言語化」の思考法

第1章

まずは、バカな話し方をやめる

「客観視」の思考法

第２部では、第1部でお伝えした黄金法則をベースに、
頭のいい人になる思考の深め方をお伝えしていきます。
シリコンバレーの起業家たちに最も尊敬される経営者の
ひとりである、元インテルCEO、アンドリュー・グローブ氏は
著書『HIGH OUTPUT MANAGEMENT（ハイアウトプット
マネジメント）人を育て、成果を最大にするマネジメント』の
中で、「何をするか」と同じくらい、「何をしないか」が
重要である、と言いました。

頭のいい人になるためにも、「何をしないか」は「何をするのか」
と同じくらい重要です。

そこで、まずは“バカに見える話し方をしない”ことから
始めてもらいます。

“バカに見える話し方をしない”ことで身につくのが
「客観視」の思考法です。

頭のいい人は、総じて、客観的に物事をとらえる力に
長けています。自分の話すことに客観的になることで、
思考を深める方法を手に入れましょう。

人がバカに見える3つの「瞬間」

オフィスでこんな話をしている人たちがいました。

先輩、昨日テレビで見たんですけど、年収を上げるには、英語力と会計の知識が重要みたいです。どう勉強したらいいですかね？

えっと……佐藤さんの仕事って、英語も会計も使わないよね？

でも、英語って、グローバル化の流れの中で、重要なのは間違いないですよね？

重要じゃないとは言わないけど……そもそもグローバル化が佐藤さんの仕事に

どう関係しているの？

いや、最近みんなグローバル化って言うじゃないですか。お客さんも、〝グローバルの推進〟を掲げてましたよ。

否定はしないけど、グローバル化の推進って……どういうこと？

えっと……詳しくは聞いてないんですけど……。

……ま、頑張って。

先輩は、この後輩を〝ちゃんと考えていない奴〟と認定しました。
みなさんもこの会話を読んで後輩の話が〝浅いな〟と感じたかもしれません。
このように、人の話を聞いて、「浅いな」とか、逆に「深いな」と感じることはないでしょうか。

話が浅くなる3つの理由

〝話が浅い人〟の特徴は3つあります。

1　根拠が薄い
2　言葉の「意味・定義」をよく考えずに使う
3　成り立ちを知らない

これらの特徴に当てはまると、聞く側は「この人の話、浅いな」と感じてしまいます。

しかし、これは決して他人ごとではなく、私を含めだれでもついついやってしまう話し方でもあります。

だからこそ、これらのポイントに意識的になることが重要なのです。

ただし、注意していただきたいのは、話題やテーマで話の「深さ・浅さ」が決まるわけではない、ということです。

たとえば、政治の話をしても浅い人はいます。流行りのアイドルやアニメの話でも、深いなと感じさせる人はいます。

タレントのタモリ氏が「日本坂道学会」（自称）という学会を設立していると知り、著書『新訂版 タモリのＴＯＫＹＯ坂道美学入門』を読んでみました。この本のまえがきは、タモリ氏が東京に初めて来たとき、なんと坂道の多い所だと感じたこと、生まれ育った家が長い坂道の途中にあったことに触れ、こう続きます。

人間の思考、思想は、要約すると傾斜の思想と平地の思想に大別することができる。平地の思考のそれはハイデッガーである。

〝坂〟ひとつでこれほどの話ができる人がいるというのは驚きでした。これを聞いたある作家が、「傾斜について対談がしたい」と申し入れたほどだそうです。

もちろん哲学の話をすればいいわけではありません。

哲学にしろ、坂にしろ、アイドルにしろ、どう掘り下げるかが肝心なのです。

では、ひとつひとつ見ていきましょう。

「客観視」の思考法①

少ない情報を信じ切るとバカに見える

先輩、昨日テレビで見たんですけど、年収を上げるには、英語力と会計の知識が重要みたいです。どう勉強したらいいですかね？

えっと……佐藤さんの仕事って、英語も会計も使わないよね？

この後輩はテレビで見た情報だけを信用して、話をしているように聞こえます。

ここが、話が浅く感じる第一のポイントです。

「少量の、根拠の薄い情報」に依存しているように見えると、残念ながらその人の話は浅く聞こえてしまいます。メディアの情報に限った話ではありません。

たとえば、

「私の知人の上場企業の役員が……」

「東大卒でモルガンスタンレーでファンドマネージャーをやっていた○○さんが……」

「政党の幹部が便宜を図ってくれた……」

「フォロワー100万人の○○さんがすすめてたんですが……」

など、著名人や政治家を引き合いに出して話す人も同様です。

著名人である、肩書きが立派である、という理由だけでその情報が正しいと信じていると、残念ながら「浅い話をする人だ」と思われてしまうのです。

〝大手メディアが取り上げた〟〝著名人が紹介した〟など、大なり小なり、説得や駆け引きには権威を引き合いに出すことがありますが、**問題は「権威がなぜこのように述べているのかの理由を知らない」のに引き合いに出すこと**です。

それはつまり、行列の先に何があるか知らないのに〝行列になっているから〟という理由だけで列に並ぶようなものです。

理由を知らないのに話している状態は、単に、**「その人の口を借りてものを言っ**

ている」だけで、自分の意見がないように見えてしまいます。

ビジネスシーンではとくに、本人の実績が伴わないにもかかわらず、こうした言説が重なると「話が浅い」と思われるだけでなく〝この人の話は聞く価値がない〟と思われてしまいます。

思い込みが強いと頭が悪く見える

話が浅くなる理由は〝認知バイアス〟と大きく関係します。

バイアスとは「かさ上げ・偏り・歪み」を指す言葉で、「認知バイアスとは、偏見や先入観、固執断定や歪んだデータ、一方的な思い込みや誤解などを幅広く指す言葉として使用される」と情報文化研究所所長の高橋昌一郎氏は述べています。

認知バイアスが、つまり偏見や先入観や思い込みが強いと、頭のいい人には、話が浅く聞こえてしまい〝ちゃんと考えてた？〟という心証を持たれてしまいます。

頭のいい人は、物事をできるだけ正確に、客観的にとらえようとします。極力、バイアスに意識的であろうとするのです。

認知バイアスは、だれでも持っています。だからこそ、バイアスに少し意識的になるだけで、〝ちゃんと考えている人〟になることができます。

とはいえ、認知バイアスの種類はたくさんありますので、ここでは話す前に注意してほしいものをふたつ紹介します。

話す前に注意すべきこと 1 確証バイアス〜人間は見たい世界しか見ない〜

確証バイアスとは、**自分の都合のいい情報ばかり集めて、自分にとって都合の悪い情報は無視する傾向**のことです。**人間は見たい世界しか見ない**のです。

たとえば、だれかのことを〝あの人は胡散臭い〟と思ったとしましょう。そうすると、その人の胡散臭いようなしぐさや、言動ばかりが目についてしまうことがあります。これも確証バイアスによるものです。

人間は、自分の直感を正しいと思いたい生き物です。そのほうがラクだからです。それゆえ、直感が正しいとする情報を脳が勝手に集め、逆に直感に合わない情報はスルーするようになっているのです。

根拠の薄い人の話が浅く思われるのは「それって、自分に都合のいい情報を集めただけでしょ？」「それはあなたの思い込みでしょ？」と思われるからです。

本人は意見を言っているつもりでも、受け手にとっては直感でものを言っているだけ。つまり、感想の域を出ていないのです。

先ほどの先輩と後輩の会話では、後輩はもともと「英語や会計の知識が年収を上げるのだ」と思っていた可能性があります。だからこそテレビを見て、やっぱり自分の思っていたことって正しいよね！　と思い、先輩に話した。

ただ聞き手である先輩は、「本当にそうか？　いかにも真っ当な話に聞こえるけど、英語や会計を勉強しなくても年収を上げる方法あるんじゃない？」と思ったはずです。

2 後知恵バイアス
～結果論ならいくらでも言える、評論家的思考～

ある芸能人夫婦が離婚したとします。すると、必ずこう言う人がいます。

「私、結婚を発表したときから、絶対離婚すると思ってた！」

また、組織の中では、このようなケースもよく見かけます。

なかなか成果が出なかった若手社員が、努力が実って、みるみる成果を出すようになり、出世したとします。

すると、その社員が新入社員のころに、少し面倒を見た先輩がこう言うのです。

「新入社員のときから知ってるけど、絶対に将来、出世すると思ってたよ。そういえば彼が入社したときの挨拶さ……」

後知恵バイアスというのは、その結果を知ったから判断しているのに、あたかもその結果を知る前から予測していたように考えてしまう心理状況です。これは、評論家思考と言い換えてもいいでしょう。

「あのプロジェクトは失敗すると思っていた」
「初めて会ったときから、あの人は怪しかった」
「若いころからあの人は他とは違った」

結果を知ったあとでものを言うのは簡単です。あたかもその結果に沿うようなストーリーを話すことで周りの人も、「なるほどな」と聞いてしまいます。

しかし、本当に、後輩が将来成功して、出世すると思ったら、成功する前に言えばいいのです。「君は、今うまくいってないかもしれないけれど、絶対成功するから頑張ってね」と。そうすれば、その後輩が出世したあとに、こう話すでしょう。「実は、なかなかうまくいかなくて辛かったとき、先輩が励ましてくれたんです」

確証バイアスも後知恵バイアスも、本人はあたかも考えているような気になっていますが、賢いふりの典型ですから、こういった発言をしないように話す前に立ち止まることが大切です。

話を深くするふたつのコツ

では、バイアスに意識的になり話す前に立ち止まったら、その後どうすればいいのでしょうか。

ここでは、浅い話を深くするコツをふたつ紹介しましょう。

先ほどの「先輩、昨日テレビで見たんですけど、年収を上げるには……」と話した後輩を思い浮かべてください。あの後輩がこのように話したらどうでしょう。

でも、ほんとにそうなのかなと思って調べてみると、年収を上げるために英語を勉強するなんて無駄だ、って言う人もいたんですよね、なんでこんなに言うことが違うんですかね。

とか、

テレビで英語学習すれば年収が上がるって言ってましたけど、語学学習アプリの調査で、世界で一番語学学習に時間をかけているのって、日本人らしいんですよ。これって、英語教育ビジネスのマーケティング用のトークですよね。

と言えばどうでしょう？　もう少し話を聞きたいなと思いませんか？

ポイントはふたつあります。

①自分の意見と真逆の意見も調べる

②統計データを調べる

確証バイアスは、自分に都合のいい情報ばかり集め、都合の悪い情報は無意識にスルーしてしまうことでした。

つまり、確証バイアスに意識的になり、**あえて自分に都合の悪い情報にあたることで思考を掘り下げ、話を深くすることができる**のです。

ここでは、「英語と会計を勉強すれば年収が上がる」の逆の「英語や会計を勉強したからといって年収が上がらない」という意見を探しました。すると、「住む場所を変えたほうが年収が上がる」など別の意見に出会うかもしれません。

また、②は数字という根拠を持ち出すということです。

頭のいい人のデータ検索術

では、②の統計データはどのように調べればいいのでしょうか。

「調べる技術」はこれだけで1冊の分量になってしまうので、ここでは今すぐできる簡単なコツをご紹介します。

〝調べましょう〟と言われると、ほとんどの方がまずは検索すると思います。

ただ、検索ひとつとっても、頭のいい人とそうでない人で差ができてしまいます。

頭のいい人は正確な統計データに早くたどり着くために、検索にひと工夫します。

というのも、データは〝出所〟が重要だからです。

民間企業の発表している数字は、自分たちの事業に有利な、恣意的な調査をしている可能性があるため、あまり信用できません。たとえば、テレビショッピングの中で紹介されているデータは、見た人が買いたくなるデータしか使用しません。

それに比べて、100%信用できるわけではありませんが、大学、もしくは政府の発表しているデータはいくぶん客観性があります。ですから、初めからそういったデータを探したほうが早いのです。

具体的には、ネットで検索をするとき、検索用語に続けてスペースを入れ、その次に【site: .go.jp】と入れるやり方があります。

これは、対象となるサイトのドメインを指定して検索をするオプションで、【site: .go.jp】と入れた場合、政府系のドメインのサイトだけが表示されます。政府機関から出る情報は基本的には、検証されたデータをもとに作成されていますので、ある程度信用できるデータにたどり着くことができます。

また、【site: .go.jp】と同様、末尾に【総研】や【site: .ac.jp】と入れることもあります。政府系ドメイン同様、シンクタンクや大学が発表する情報をたどることで、信用度の高い統計データに早くたどり着けます。

ここでは、簡単な検索術を紹介しましたが、本来、データの取り方はコンサルティング会社に入社すると丸2日かけて研修が行われるほどです。そこでは、大事なのは当事者に聞くこと、つまり一次情報にあたることだと教わります。そして補助的な要素として、国会図書館や日経テレコンなどで新聞・雑誌・書籍・論文を横断的に調べていきます。

ただ、今まで一次情報や統計データにあたったことのない人が、いきなり国会図書館に行ったり、日経テレコンで論文を調べるのはハードルが高いでしょう。時間や労力もかかります。

ですから、まずはできる範囲で面倒臭がらず【site: .go.jp】【site: .ac.jp】を入れて検索する癖をつけてください。そこで、より深く知りたいと思ったら、横断的に文献にあたってみるといいでしょう。その際には『調べる技術 国会図書館秘伝のレファレンス・チップス』(皓星社)を一読することをおすすめします。

バイアスに意識的になり、
自分と反対の意見や
統計データにあたることで
思考を深めよ。

「客観視」の思考法②

言葉に敏感たれ

新人のころ、上司にこう尋ねて呆れられたことがあります。

お客さんの問題解決を手伝うのが、コンサルタントの仕事ですよね？

安達さん、言葉の意味をわかって使ってる？

このとき、なぜ上司に呆れられたか、みなさんはわかりますか？

大人こそ辞書を引こう

コンサルに入って厳しく言われたのが、「認識のブレが少ない言葉を使え」ということでした。そのため、ミーティングでは常に辞書を携帯することが義務付けられていました（当時はスマホがなかったので、紙、もしくは電子辞書でした）。この経験が、今、コンサルタントとしても、経営者としてもさまざまな業界や価値観の人とコミュニケーションをとり、仕事をしていく上でとても活きています。

コンサルタントの先輩や上司だけでなく、クライアント先の優秀な人はみな、言葉の意味に敏感でした。

「安達さん、その言葉の意味って、こういう認識で大丈夫ですよね？」

と確認されたことは何度もあります。

言葉遣いに厳格だった私の上司にいたっては、〝コミュニケーション〟という言葉ですら、安易に使うのを避けていました。

たとえば、会社で「社内コミュニケーションの頻度を増やしましょう」という指

定義の認識は人それぞれ

示が出たとします。

この場合のコミュニケーションはどういう意味でしょうか？　人によっては、〝対面での会話〟のことをコミュニケーションととらえて出社回数を増やすかもしれません。

しかし、人によっては、メールやチャットもコミュニケーションの一部ととらえ、出社はせずに、チャットでの会話を増やそうとするかもしれません。

コミュニケーションを〝直接会話すること〟ととらえていた人は、コミュニケーションを〝メールやチャットも含む〟ととらえて出社しない人に「なんであいつ出社しないんだよ……」と苛立ちを覚えるかもしれません。

言葉の定義の認識のズレによって、トラブルが起こることは多々あります。

〝ゴミ捨て〟ひとつとってもそうです。

妻が夫にゴミ捨てを頼んだとします。

ゴミ捨てのことを「ゴミの入ったゴミ袋をゴミ捨て場に持っていくことだ」と認識していた夫は、認識通り、ゴミ袋をゴミ捨て場に持っていきます。

しかし、妻が「ゴミをまとめ、ゴミ捨て場に持っていき、空になったゴミ箱にゴミ袋をセットする」までが〝ゴミ捨て〟だととらえていた場合、ゴミ袋をゴミ捨て場に持っていっただけの夫に「ちゃんとやってよ！」と憤慨する可能性は大いにあります。

頭のいい人は「この言葉を使ったら相手がどのような意味にとらえるか」まで想像して言葉を選び、定義が曖昧な言葉は使わないか、言葉の定義をはっきりさせることから始めます。

つまり、〝ちゃんと考えてから話す〟とは、相手が受け取る言葉の意味を想像し、できるだけ定義の齟齬（そご）が出ないように話すということです。

みなさんは最近辞書を引きましたか？

大人になると辞書を引く機会はぐんと減ると思います。

しかし、価値観の違う人たちと意見を交わすビジネスシーンでこそ、辞書を引き、言葉の意味・定義に敏感にならなければいけません。

意味をちゃんと理解せず横文字ばかり使うのは「賢いふり」の典型

とくに外来語は注意が必要です。いわゆる〝横文字〟です。

横文字を安易に、意味をちゃんと理解せず使うと「考えていない」ように見えてしまいます。

えー、今日のディスカッションテーマは、他社とのコラボレーションにおける

横文字ばかり使って賢いふりをする人

バリューの出し方です。リスクとリターンをバランスさせて判断したいと思います。

このように話す人を、あまり頭がいいとは思えないはずです。

・ディスカッションは「議論」なのか単なる「アイデア出し」なのか？
・コラボレーションとは何のことなのか？
・リスクは「危険」なのか「可能性」のことなのか？
・バランスさせる、とは何を意味するのか？

これらの言葉の意味を話す本人がちゃんと理解せずに話していると〝**賢いふりをしているバカ**〟に見えてしまうのです。

私が新人のころ、上司に「お客さんの問題解決を手伝うのが、コンサルタントの仕事ですよね？」と尋ねて呆れられたのは、実は「問題」と「課題」の意味をちゃんと理解せずに使っていたからです。私のいたコンサルティング会社では「問題」と「課題」を以下のように定義していました。

問題……煩わしい事象のこと
課題……解決すべき問題のこと

ですから私は本来、「お客さんの問題発見と、課題解決を手伝うのが、コンサルタントの仕事」と言わねばなりませんでした。

このように普段よく使う言葉でさえ、定義をちゃんと考えずに使っていることがあります。

とくに、「課題」と「問題」のような、似て非なる言葉をなんとなく使わずに、違いを理解する姿勢が大切です。

昔、ネスカフェのキャッチコピーに〝違いがわかる男〟というフレーズが使われ、長年CMでも流れていましたが、まさしく、

違いがわかる人は、頭がいい

のです。

意見と感想の違いは何か。顧客とクライアントは違うのか（コンサルティング会社の中では、お客さんと呼ぶな、クライアントと呼べ、と徹底されていました）。広報部とマーケティング部は何が違うのか、など、身近にある似た言葉に注目して、辞書を引いてみたり、チーム内で定義を決めたりするといいでしょう。

ちなみに本書はいくつかの「問題」を載せていますが、本書の「問題」は、〝話す前にちゃんと考えるとはどういうことか〟を理解するためのテストとしての、問題です。

身近な言葉の
微妙な違いに
意識的であれ。

「管理」の定義を考えてみよう

たとえば、私が所属していた組織では「管理」という言葉の定義が重視されていました。

〝管理〟という言葉を知らない人はいないと思います。

企業でも気軽に使われている言葉ですが、実は「管理」とは、難解な言葉であり、人によって認識の違いが出やすい言葉です。

そのため、「管理とは何か」というワークショップを、コンサルティングの実施中に必ず行うように、以下のように手順化されていました。

みなさんも一緒に考えてみてください。

1 「○○管理」という名のつく行為を、自由に思いつく限りあげてください

まず、思いつく限り管理のつく熟語、「○○管理」をあげてください。

予算管理、人事管理、売上管理、生産管理、進捗管理、在庫管理、スケジュール管理、タスク管理……

たいてい、このように答えがあがってきます。これらは、主に仕事上で使われる〝管理〟です。

ただ、中には仕事だけではなく、プライベートにまで思いを馳せる人もいます。

たとえば、**体調管理、体重管理、食事管理……**といった具合です。

そこで、次に、こんな問いかけをします。

2　すべての「〇〇管理」に当てはまる、管理の意味を考えてください

この問いかけは、〝管理〟を感覚的にしかとらえていない人、つまりちゃんと考えていない人にとっては、難しい問いに感じるはずです。

とくに会社での「管理」とプライベートでの「管理」は、共通の定義が作りづらく、ちゃんと考えるきっかけとなります。

ワークショップに参加しているクライアントからの答えは、たいていこのようなものがあがってきます。

管理とは、

- **望ましい状態にすること**
- **統制すること**
- **コントロールして、調整すること**

・一定の水準に保つこと

どれも間違いではありません。

言いたいことは、非常によくわかります。

しかし、定義として十分ではありません。

なぜなら、**〝定義〟とは、どのような「管理」に適用しても、意味が通じなければならない**のです。

たとえば、〝一定の水準に保つ〟というのは「品質管理」を考えれば、当てはまりますが、「スケジュール管理」には……どうでしょう？

私は「管理」という言葉を、国際標準化機構（ＩＳＯ）などを参考にして、次のように定義し、説明していました。

管理とは、狭義では〝コントロール〟という意味です。

コントロールとは、「統制」です。品質管理というのは、一般的には一定の範囲内に、製品の特性を〝統制〟することを指します。

しかし、「管理」という言葉は広義にはもうひとつの意味があります。それは〝マネジメント〟です。

ドラッカーはマネジメントを「**組織をして成果を上げさせるための道具、機能、機関**」と定義しています。つまり、成果を上げることを目的としているのです。

すなわち、管理とは、成果を上げるために、目標を定め、現状とのギャップを明らかにし、そのギャップを埋めるべくPDCAサイクル（マネジメントサイクル）を回すことまでが、〝管理〟ということになります。

ご存知の方も多いと思いますが、PDCAとは、

P（Plan）……計画
D（Do）……実行
C（Check）……チェック
A（Act）……対策

の4つの要素で構成されます。

つまり、計画を立て、実行に移し、正確に行われたかをチェックし、対策を立てる。この一連の流れが、マネジメントの意味を含む「管理」なのです。

言葉の定義で「行動」が変わる

私が在籍していたコンサルティング会社では、ここまでやって〝管理〟とみなされていました。みなさんの会社はどうでしょう？

いやいや、体重管理やスケジュール管理は当てはまらないのでは？　と思うかもしれません。

しかし、「体重管理をしましょう」と言われたときに単純に〝体重が増えないようにしよう〟と思う人と〝理想の体重まであと〇キロ落とす必要があるから、食事と運動を週に……〟と考える人がいます。

あるいは、あなたが社長のスケジュール管理を頼まれたとします。

あなたがスケジュール管理を単に〝会議などの予定を被らないように調整する〟

と考えているか〝理想のスケジュールを過ごせるようにマネジメントすること〟と考えているかで言動は変わるはずです。

社長は朝の時間をどのように使いたいのか？　週に1日は会議などを入れない日を作ったほうが気持ちよく過ごせるのか？　その理想のスケジュールのためには会議は減らすべきなのか？　など、スケジュール管理を〝理想のスケジュールを過ごせるようにマネジメントすること〟ととらえていると、社長に確認することや考えることがたくさんあることに気づきます。

このように、**言葉に敏感になり、定義を掘り下げることは、言い換えれば、〝思考の解像度を上げる〟ということ**になります。

最新のスマホで撮った写真と、古いスマホ、もしくはガラケーで撮った写真を思い浮かべてください。同じ風景の写真でも、見え方が全く違うはずです。

最新のスマホは、解像度が高い写真です。古い機種で撮った解像度の低い写真に比べて、風景写真なら、手前の木と奥の山の境界線がはっきりしています。逆に解像度の低い写真は、手前の木と奥の山の境界線がぼんやりしています。

言葉の定義に曖昧なまま話すということは、古いスマホやガラケーの低い解像度の写真を見せているようなものです。これでは、伝えたいことも伝わりませんし、心が動いて感動することもありません。

言葉に敏感であることは、言葉の定義を明確にすることであり、それにより、見ている世界をより鮮明にはっきりと映し出すことができます。

〝なんとなく考えている〟ことを〝ちゃんと考える〟に転化するには、言葉の定義を明確にし、思考の解像度を上げる必要があるのです。

言葉に敏感になることで、
思考の解像度が上がり、
見えている世界も、
伝わり方も変わる。

「客観視」の思考法③

成り立ちを知ろう

話が浅い人の特徴の３つめは〝成り立ちを知らない〟です。

たとえば、「終身雇用はもうダメ」という説があります。

実際、終身雇用を採用する会社は減っています。

しかし、終身雇用を一概に否定するのも、あまり賢いとはいえません。

たしかに、社会の空気としては〝終身雇用は時代に合わない〟かもしれません。

調べると終身雇用に否定的な意見や、終身雇用制度を廃止した企業の話もたくさん出てくるでしょう。

ただし、ここまでお読みのみなさんならお気づきだと思いますが、これも単なる思い込みの可能性は大いにあります。そこで、前出のように、真逆の意見や統計データを集めることでちゃんと考えることができます。

そしてさらに深く考えるために必要な視点が、「成り立ちを知る」ということです。

つまり、終身雇用に関して言うと、「終身雇用が導入された経緯」や「終身雇用が広がった理由」も知った上で、批判する必要があるのです。

終身雇用が日本に広まったワケ

国立公文書館によれば、もともと終身雇用は戦前にルーツがあり、熟練工を引き留めるためのさまざまな奨励制度のひとつでした。

その後、戦時になると、国は労働力の安定化のために「従業者移動防止令」および「賃金統制令」を出し、職場の固定化と賃金の統制を進めます。

同時に、労働者の不満を抑えるために年1回の定期昇給や退職金の支給が半義務化され、賃金制度の統一が図られました。

「安定を保障してもらう代わりに、会社に尽くす」というのは、安定を求める労働者にとっても悪い話ではありません。

このような経緯で、「国・企業は労働者の生活を保障する」という、長期雇用の慣行が、国民全体に広まり、それが戦後に引き継がれたのが、現在まで続く「終身雇用」の慣行です。そしてそれは、高度成長の原動力のひとつにもなりました。

実際、ピーター・ドラッカーは日本の終身雇用の強みについて、次のように語っています。

特に欧米は、日本の成功について考えるべきである。日本には終身雇用制度がある。

（中略）それでは、そのような制度は日本企業の業績を上げる能力といかなる関係があるのか。答えは、そのような日本の制度が人の弱みを重視しないようにしていることにある。日本では、人を自由に動かせないために、常に手元の人の中から仕事のできる者を探さなければならない。したがって常に強みを探す。

『ドラッカー名著集1 経営者の条件』より

たとえ、現在うまく機能していないものであったとしても、過去にそれが導入された理由がちゃんとあったはずです。

その理由を知り、深く考えるための足がかりとなるのが〝成り立ちを知る〟です。

なぜ学生のＢＢＱに人だかりができたのか？

成り立ちを知ることで、他の人と違うアイデアを生み出すこともできます。

みなさんは、バーベキューをしたことがありますか？

友人や家族、サークルなどで一度はやったことがある人は多いと思います。

では、思い浮かべてください。どんなバーベキューでしたか？　何を焼きましたか？

私が学生のころの話です。

友人たち数人とバーベキューをやることになりました。そこで友人のひとりがこう言ったんです。

「バーベキューって……そもそも……何？」

少しだけ、間ができたと思います。だって、バーベキューをそれまで何度もやってきましたが、バーベキューがそもそもなんなのか考えたこともなかったからです。

それまで私は、屋外で、複数人で薄い肉や野菜を焼いて食べるのがバーベキューだ、と思っていました。

そこで、当時持っていた英和辞典で調べてみたのです。バーベキューという言葉の意味を。すると、こう書いてあったのです。

屋外で肉を丸焼きにして調理すること

私たちにとってこの意味は、新しい発見でした。

屋外で焼き肉をするのがバーベキューではなく、肉を「丸焼き」にするのがもともとのバーベキューだったのです。

そこで私たちは、「本来のバーベキューをしよう」と、業務用のスーパーに行き、

バーベキューの本来の意味「丸焼き」をやると人だかりが

丸どりを1匹と、牛肉の巨大な塊を買い、屋外で焼くことにしました。

すると、通りすがりの人や、近くにいたグループが「何やってんの？　面白そうだね！」と集まってきて、そのバーベキューは大いに盛り上がり、知らない人たちとも交流することができました。

今まで焼いたことのない大きさの肉を焼くのは大変苦労しましたが、これは大変面白く、かつ新しい発見でした。

このとき私たちは、「面白いことやってますよ！」と宣伝したわけではありません。それなのに、人が集まった。「話し方・伝え方」よりも「考えること」の大切さを実感した瞬間でした。

このように、〝成り立ちを知る〟ことは、他の人とは違うアイデアの元になることもありますし、先ほどの終身雇用の例のように、深い議論の元になることもあります。

成り立ちは、人間に置き換えると、〝生い立ち〟です。友人とお互いの生い立ちを話すことでよりお互いの理解が深まり、仲良くなった経験がだれにでもあると思います。

成り立ちを調べるコツ

成り立ちを知るコツをふたつ紹介しましょう。

まず、語源を調べることです。バーベキューでいえば、語源は西インド諸島の言葉です。

次に広まった場所や地域を調べることも、成り立ちを知ることにつながります。バーベキューでいえば、アメリカです。英語圏では、「you」→「u」などと似た発音のアルファベットを置き換えて略すことが多く、バーベキュー（【barbecue】）も「be」

を「B」と略して「barBcue」→「cue」を「Q」と略して「barBQ」→「bar」も「B」と略すようになって、最終的に「BBQ」になったようです。

ここでみなさんにおすすめしたいのが、働いている業界、働きたい業界の成り立ちを調べてみることです。

広告業界にいるなら、広告の、家具業界なら、家具の語源を調べてみる。それだけで、自分のいる業界の見え方が変わるはずです。

なお、バーベキューの意味に関しては諸説あります。『オックスフォード現代英英辞典』によれば、バーベキューは17世紀中ごろのスペイン語【barbacoa（バルバコア）】に由来し、肉や魚などの食材を戸外で直火にかけたり、専用の器具で調理する食事や集まりのこと。原義は「乾燥させる肉や魚を保存するための木の枠組み」というアラワク語のbarbacoa「支柱の上の木枠」という言葉です。

成り立ちを知ることで
人と違うアイデアも
深い議論も生まれる。

第2章

なぜ、頭のいい人の話はわかりやすいのか？

「整理」の思考法

私が今まで会ってきた頭のいい人のほとんどは、
話がわかりやすい人たちでした。
頭のいい人は難しい事柄をも、たとえ話や身近な言葉で
わかりやすく説明する力に長けています。
逆に、難解な言葉や専門用語ばかり使って話す人たちは、
それほど知的だとはみなされませんでした。
コミュニケーション能力が仕事の成果に直結する現代で、
話がわかりにくいのは致命的です。
話のわかりにくい上司は尊敬されませんし、
何を言っているかわからない営業担当者から
商品を買いたい人もいません。
この章では、「なぜ、頭のいい人の話はわかりやすいのか？」
をひもときながら、思考を深め、頭のいい人になる方法を
お伝えしていきます。

頭のいい人が、難しいこともわかりやすく話せる理由

頭のいい人は話す前の「理解」に時間を使う

ではなぜ、頭のいい人は、たとえ難しい話でもわかりやすく話せるのでしょうか？

それは〝**物事の本質を理解できている**〟からです。

本質を理解していない場合、**いくら話し方を注意しても、わかりやすく話すことはできません。わかりやすそうな話をしているだけで、わかりやすい話にはならないのです。**

たとえば、「コンサルティング」という仕事。

世の中のイメージから大きく実態が乖離（かいり）している仕事のひとつなのですが、コンサルティングの本質をちゃんと理解している人は、小学生にもわかりやすく説明できます。

巷では「コンサルティングとは、企業の課題解決を手伝う仕事」とか「経営者の相談に応えること」といった説明をされることが多いです。

しかし、その説明はたしかに正しいのですが、小学生に対しては、不適切です。なぜなら、企業、課題、解決、経営者、相談、これらの言葉が、小学生にはピンとこない可能性が高いからです。

したがって、小学生にも理解できる言葉を使って、コンサルティングを説明しなければいけません。

たとえば、このような説明です。

〇〇ちゃんは、体の調子が悪いと、お医者さんのところに行くよね？

うん。

会社も、調子が悪くなることがあるんだ。最悪、潰れる。そうなる前に、お医者さんにかかる会社もある。

ふーん。

会社専門のお医者さんが、コンサルタント。

お薬を出してくれるの？

薬も出すけど、まずは体のどこが悪いのか、なんで病気にかかったのかを調べるのが先かな。

のどを見たり、聴診器を当てるとか？

そうそう、あれは体の音を聞いてるのだけど、コンサルタントは会社に行って、社長の話を聞いたり、働いているみんなの様子を見たりする。

そっか、大事な仕事だね。

なお、コンサルタントを医師にたとえるのはよくある説明ですが、実は正確なたとえではありません。コンサルタントと医師は似てはいますが、細かい点では異なります。

しかし「どこが悪いのかを調べて、解決策を提供する」という本質は間違っていません。肝心なのは、相手のレベルに合わせた説明をすることです。本質を理解していないと相手のレベルに合わせて説明することができないのです。

名キャッチコピーが生まれた瞬間

コピーライターは、短い文章で、その商品の魅力を伝え、消費者の心を動かさなければいけません。

前出のコピーライター仲畑貴志氏の有名なコピーのひとつに温水洗浄便座「ウォシュレット」のコピーがあります。今でこそトイレにあって当たり前のものとなった「ウォシュレット」ですが、1981年、仲畑氏がコマーシャルを初めて手がけることになったとき、**「おしりをお湯で洗うのに十数万円の価値があるのだろうか」**

という疑問を持ったそうです。

そこで彼は担当者に「紙で、ふくだけじゃ、ダメなんでしょうか」と率直に聞きました。


「紙でふくだけじゃ、とれません」と製品開発の人はこたえた。

「でも、ぼくたち、ずーっと、紙でふいてきたじゃないですか」

「では、ナカハタさん、この絵の具を、てのひらにつけてください」

わたしは、青い絵の具を手のひらにつけた。

「この、ティッシュペーパーで、ふいてください」

わたしは、ティッシュペーパーで、手についた絵の具を拭いて行った。

「ティッシュペーパーをみてください」

わたしは、ティッシュペーパーを見る。

「絵の具、ついてますか」

ティッシュペーパーには、もういくら拭いても、絵の具はつかなかった。

「てのひらを、みてください」

手のひらには、皮膚のしわに沿って、青い絵の具がいっぱい残っていた。

「おしりだって、おんなじです」
わたしの脳の奥が、チリンと鳴った。これは、売れると確信した。

仲畑貴志著『この骨董が、アナタです。』より

おしりを拭いたトイレットペーパーに便がついていなくても、おしりには便がついている。

絵の具が染みついた手と、絵の具のついていないティッシュを見て、生まれたのが「おしりだって、洗ってほしい。」という名コピーでした。このコピーをもとにしたCMによって、ウォシュレットは瞬く間に大ヒット商品になったのでした。

コピーライターは魔法のように言葉を巧みに操って人の心に刺さる言葉を書くのではなく、製品のことから、その製品を使う人のことまで、とにかく対象となるものを深く理解することに重きを置いて、言葉を紡ぐ人たちだと思います。

これは、頭のいい人が話す前に考えていることそのものだと言っていいでしょう。

人の心を動かせるかも、わかりやすく話せるかも、理解の深さに比例するのです。

考えるとは整理すること

「理解している」は「整理されている」と同義

元マッキンゼーのコンサルタントである波頭亮氏は著書『思考・論理・分析「正しく考え、正しく分かること」の理論と実践』の中で、「思考」とは、比べる情報要素が〝同じ〟か〝違う〟かの認識をすることだと述べています。

また、脳科学者の山鳥重氏は、著書『「わかる」とはどういうことか―認識の脳科学』の中で、我々の知覚系は「区別」し「同定」することを繰り返している、といいます。

たとえば、木の棒状の物を〝鉛筆である〟と認識する行為は、背景から鉛筆を「区別」し、これまでの視覚経験からそれと同じものを照らし合わせて「同定」する行為です。

> 違うものを分け、同じものをまとめる。これは整理の作業そのものです。
> 散らかった部屋を整理するときのことを思い浮かべてみてください。
> 違う種類のものは分け、同じ種類のものは、同じところにまとめる。この作業を繰り返し行うことで、部屋はきれいに片づいていくはずです。

つまり、理解するというのは、〝分ける〟ことであり、整理することなのです。逆に理解できないというのは〝分けられない〟状態であり、整理できていない状態なのです。

たとえば、芸術的価値の高い絵画とそうでない絵画を専門家と素人が見たとしましょう。

このふたつの絵の何が違うんだ？　どっちもいい絵に見えるぞ。

これが素人の素直な反応です。

え、全然違うじゃん。色の使い方も、陰影もちょっと変わっていてすごく面白い……。

これが、専門家の反応。

このように、専門家は芸術的価値の高いものとそうでないものの区別がつき、素人は区別ができません。

これをエンタメ化したのが、「芸能人格付けチェック」という番組です。

出演者の芸能人に、「1億円」と「10万円」の楽器の演奏を両方聞いてもらい、どちらが1億円の楽器で演奏されているかを当てる、「100万円」と「3000円」のワインを飲んでもらいどちらが100万円のものかを当てる、というような番組です。

1億円と10万円のパフォーマンスの違いを認識できるか、１００万円と３０００円のワインを当てられるかどうかは、脳が音の高さや響きの違いを、味覚がワインの渋みや舌触りなどの違いを「区別」できるかどうかによります。

これは演奏やワインだけではなく、芸術鑑賞、果ては将棋や囲碁の盤面の判断や、政治的な駆け引きなど、すべてに通じます。専門家が、素人と異なる判断ができるのは、専門分野において「分ける能力」が高いためなのです。

物事を深く理解するには、どれだけ対象物を分けて整理できるかにかかっているのです。

話のわかりやすさは、
理解の深度で決まり、
理解の深度は、
どれだけ分けて
整理できるかで決まる。

「整理」の思考法①

だれでも結論から話せるようになる法

話がわかりにくい人は、結論から話せないことがよくあります。

「まとめると……」と聞いたあとには、「まとめの話」がくると期待している人がほとんどでしょう。しかし現実には「まとめると」のあとに、「全くまとまっていない話」をする人は珍しくありません。

たとえば、夕礼でリーダーに「今日のまとめを手短に」と言われたある営業が、こんな感じで話をしました。

今日一日をまとめますと、朝、リーダーから指摘があり、プッシュすればもう少し早めに受注できたはずだということで悩んでいます。というのも、現在進行中の案件では、指摘の通りにしたいと思っていますが、同時に進んでいる案件は意思決定者との距離が遠いので、ちょっとプッシュが難しいかもしれません、何か良いアイデアがあれば、相談に乗っていただきたいです。とりあえずやれることとしては……。

このような具合に、「まとめると」と最初に自分自身で言っているにもかかわらず、要点のわからない話がだらだらと続く状況に遭遇したことのある人も多いと思います。本人はまとめているつもりなのかもしれませんが、周囲の人は「まとまってないよな……話長い……」と、少し呆れている状態です。

結論から話そうとしても話せないワケ

「話が全然まとまってない部下がいる」「結論から話せない人がいる」と愚痴る上司は少なくありません。

たとえば、ある製品を採用可能かどうかの調査報告をお願いしていたエンジニアに、「結論から報告して」と伝えたところ、そのエンジニアは

「結論から言うと、まず最初に○○のような調査を行いました。調査方法としては……」

と、言い出しました。

もちろんここで上司が聞きたかったのは「採用の可否」であって、調査プロセスではありません。その部長は「結論から、って形式的に言ってるだけの人がいるんだよね……こういう人、どうしたらいいんだろうね」と、ため息をついていました。

いったいなぜ、彼らは「結論」を述べることができないのでしょうか。

それは彼らが「重要な情報」と「その他の雑多な情報」をきちんと分けることができていないからです。分けることができずに頭の中でごちゃごちゃになっているので、つまり整理できていないので、たとえ「結論から言うと……」と言っても結論から言えない羽目になってしまいます。

では、どうすれば「重要な情報」と「その他の雑多な情報」を分けることができるのでしょうか？

答えは、**結論が何かはっきりさせること**です。

〝結論から言いましょう〟とよくビジネス書にも書かれていますが、結論とはなんでしょうか？　意外と結論とは何かを説明できる人は少ないはずです。

結論とは何かを知らずに結論から話すのは、容易ではありません。

【黄金法則その2】を思い出してください。〝頭のよさは、他人が決める〟ということは、相手の立場に立って考えることです。相手が求めている結論がわかれば、結論から話すのはそう難しくありません。

ですから、**だれでも結論から話せるようになる最も簡単な方法は、結論とは何かを相手に聞くこと**です。

「すいません、今言われた結論とはどういう意味か、詳しく教えてもらえないでしょうか。きちんと理解しておきたいのです」

というように。上司が本当に「わかっている人」ならば、結論の明確な定義を説明してもらえるはずです。

もし、明確に自分が求めている結論を説明できないならば、ただ雰囲気で〝結論から言え〟と言っているだけ、ということになります。上司が結論がなんなのか理解できていないなら、部下が結論から話せないのは、当然のことです。

万人に当てはまる「結論の定義」

もちろん、結論とは何か、聞けない場合もあると思います。

上司に結論から話せと求められた場合、上司との関係が良好なら、結論ってなんですか？　と聞くことができますが、関係が良好でない場合や、クライアント先などではこれを聞くのは憚（はばか）られるでしょう。

そういう場合は、**「相手が最も聞きたいであろう話」**からしてください。

つまり、**「結論から言え」というのは、本質的には、自分がしたい話ではなく、相手が聞きたい話を最初にしろということ**なのです。

結論から話せない人の特徴に、言い訳を最初にしてしまう人や、過程から順に説明してしまう人がいます。それは、〝自分がしたい話〟なのです。

自分の話はあとで。まずは、相手の聞きたい話を意識してみてください。

なぜ結論から話さないといけないのか？

「相手の聞きたい話を最初にしよう」と聞くと、「そんなのわかれば苦労しないよ」と思う人もいると思います。

ここからは、なぜ結論から話さないといけないのかをひもといていきながら、結論から話せるコツをお伝えしていこうと思います。

1981年に発売されミリオンセラーを記録した『理科系の作文技術』には結果から述べるべき理由として、このような記述があります。

> 読者がその論文を読むべきか否かを敏速に判断する便を考えて、結論あるいはまとめの内容が〈著者抄録〉として論文の冒頭、表題や著者名などのすぐ次に印刷されることになってきたのである。

引用した箇所の中で大事なのは、**〝読者がその論文を読むべきか否かを敏速に判断する便を考えて〟**の部分です。著者の木下氏は読者のために、結論かまとめから入る必要がある、と説いているのです。

なぜ結論から話す必要があるのか、それは自分の話を聞いてもらうためですが、自分の話を聞いてもらうためには、聞き手の立場になって考えないといけません。

結論というのは、書いて字の如く、話の〝結〟です。最後の到達点であり、ゴー

相手にスイッチを入れるつもりで話す

ルです。

結論が明示されない話というのは、到達点がわからない話です。それはいわば、行き先のわからない飛行機です。行き先のわからない飛行機に乗るのはとても不安なはずです。沖縄行きの飛行機とパリ行きの飛行機に乗るのでは、用意するものも全く違います。

同様に、〝定期報告〟と〝クレーム対応の相談〟では、相手の聞く態度が全く違ってきます。

部下が話しかけてきて、〝定期報告〟だと思って聞いていたら、クレーム相談だったということになると、「状況整理するためにもう一度話してくれる?」となりかねません。すると、余計に時間がかかってしまいます。

逆に冒頭で「クレームの対応方法で相談したいです」と言ってから話してくれれば、聞く側は〝時間がかかりそうだな〟とか〝状況整理する必要がありそうだからメモが必要だな〟などと、準備ができます。

つまり、**結論から話す、というのは相手に〝聞くスイッチ〟を入れる行為**なのです。

相手の聞きたい話からするというのは、相手に聞くスイッチを入れる最も簡単な方法です。

話す前に、どんな気持ちで相手に聞いてほしいか、どんなスイッチを入れようか、を考えてから話してみてください。

「大した話じゃないんですけど……」と話せば、相手も、忙しければ、片耳で聞くくらいでいっかと思えるし、「込み入った相談があって」と話せば、真剣に聞こうというスイッチが入ります。

自分のしたい話ではなく、
相手の聞きたい話から話して、
相手の聞くスイッチを入れる。

「整理」の思考法②

事実と意見を分ける

ここまで、結論とは何かを軸に考えることで、自分の話を整理し、思考を深め、わかりやすく話す方法をお伝えしてきました。

ここからは、わかりやすく話すためのもうひとつの軸をお伝えします。

それは「事実」と「意見」を分ける、というものです。

たとえば、次のやりとりを見てください。

昨日の営業、途中退席してごめん。お客さん、ウチに依頼するか、決めてくれた？

大丈夫だと思います。

大丈夫って……決まったのか、決まっていないのかが、知りたいんだけど……。

あ、まだ決まってないです。

これは新人と上司でよく繰り広げられる会話です。

結論から話せないのに加えて、〝事実と意見を分けて話せない〟は話のわかりにくい人の典型例です。

会話はこのように続きます。

そうか、決まるかなと思ってたけど……。お客さん、何か懸念事項について言ってた？

金額について不満そうでした。

もう一度聞くけど、不満だと〝言った〟の？

いえ、たしか……言ってないかと。

じゃ、なんで不満だと言えるの。

えーと……。

もう一度聞くけど、なんて言ってた？

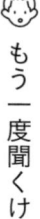

ええー……たしか、金額については交渉の余地がありますか、と言ってました。

交渉ね……、なんて回答したの？

私の一存で決められませんので、持ち帰りますと。

そしたらお客さんはなんて言った？

納得してくれたみたいでした。

だ、か、ら、お客さんはなんて言ってたの？

あ、すみません。えーと……たしか、わかりました、と言ってました。それと、今思い出したんですけど、見積もりを指定の様式にしてほしいとも言ってました。

このように、事実と意見を分けられない人から話を聞くと、状況を把握するのに通常の3倍の時間がかかります。

脳は勝手に都合よく置き換える

では、なぜこのようなことが起きてしまうのでしょう。

行動経済学者のダニエル・カーネマンは

人は、出された質問が難しいと、それを簡単な質問に置き換えてしまう

と述べています。

では、ここで問題です。

問題5

あなたは、今どのくらい幸福ですか？

難しい質問を勝手に簡単な質問に置き換えてしまう

この問いに「まあまあかな……」と答えた人も多いのではないでしょうか？

この質問に正確に回答しようとすれば、「幸福」を定義し、過去の幸福度を算定し、現在の幸福度と比較して今どのくらい幸福か説明しなければいけません。ところが、それはとても面倒で難しい。

そこで多くの人は、脳内で勝手に「今の自分は気分がいいか？」という質問に置き換え、「まあまあ幸福です」などと回答してしまう。これがカーネマンの言う「ヒューリスティックス」と呼ばれる、脳の働きです。

先ほどの上司と部下の会話の事例では、「お客さん、ウチに依頼するか、決めて

くれた?」という質問に対して、正確に答えるならば、

その場では決めてくれませんでした。金額について〝交渉の余地はあるか〟と聞かれましたので。ただ、金額の折り合いさえつけば、残りの課題は解決しているので、受注可能です。

と回答すべきです。

しかし、そのような回答を考えるのは、彼女にとってはとても面倒臭い。だから彼女は、質問を「お客さん、ウチに依頼するか、決めてくれた?」を、「受注できると思う?」という質問に勝手に置き換えて、「大丈夫だと思います」という、自分の気持ちだけを答えたのです。

これが「事実」と「意見」の切り分けができない人の正体です。

〝事実と意見を分けられるか〟のテスト

「事実」と「意見」を区別して話せない人は〝仕事ができない人〟とみなされます。

たとえば私は採用において、面接官として何年か携わりましたが、「そのときどう行動したか」を聞いたのに、「がんばりました」などと、気持ちを答えてしまうような、質問に正確に答えられない人、つまり「事実」と「意見」を区別して話せない人は真っ先に落とされていました。

また、この能力は、米国では基礎的な素養とされていて、小学生用の教科書にすら、「事実と意見を区別する問題」が繰り返し出てきます。

たとえば以下のような問題です。

問題6

1　ジョージ・ワシントンは米国の最も偉大な大統領であった。
2　ジョージ・ワシントンは米国の初代の大統領であった。

どちらの文が事実の記述か？

2が正解ですが、重要なのは、この教科書には続けて、事実と意見の区別について、こんな説明がある点です。

> 事実とは、証拠をあげて裏付けすることのできるものである。意見というのは、何事かについてある人が下す判断である。ほかの人はその判断に同意するかもしれないし、同意しないかもしれない。
>
> 『理科系の作文技術』より

これは小学生向けの説明なのですが、おそらくビジネスパーソンに対してもこの説明で十分でしょう。

ただし、ビジネスパーソンに対しては、もう少し難しい問題で、事実と意見を分けられるかが試されます。

たとえば以下は、コンサルティングファームなどの採用で頻繁に用いられるGMA test（一般認知能力テスト）と呼ばれる試験の一部です。

問題7

「市場について、野心または欲といったものが株式市場を含むビジネスシステム全体の主要な原動力であることに変わりはありません」

この文章の著者が主張しているのは次の選択肢のうちどれか？

A　ほとんどの人が貪欲である。

B　一部の人々は、貪欲でないため、株式市場から遠ざかっている。

C　欲は人々にビジネスを実行する動機を与え、株式市場の運営はその１つである。

D　株式市場には、まったく欲のない人々もいる。

出典：『General Intelligence Test & Mental Ability Test』

「事実」と「意見」を取り扱うのが苦手な人は、自分の先入観や意見が先行してしまい、適切に答えることができないかもしれません。

「こんなもので仕事の能力がわかるわけがない」と主張する方もいるかもしれませんが、事実は逆です。

一般認知識能力テストは「採用後の、パフォーマンスの予測精度が最も高い採用手法のひとつ」だという研究が数多く存在しているため、外資系企業やコンサルティング会社の採用に頻繁に用いられています。

ちなみに、答えはCです。

「事実」と「意見」を分けて話すコツ

では、このような能力は、身につけることができるのでしょうか。

個人的な考えでは「可能」です。というのも、これは「賢さ」というよりも、「注意力」の問題だからです。

前出のダニエル・カーネマンによれば、ヒューリスティックスは脳の「早い思考システム」(≒直感的なもの)が担当しています。つまり、反射的に答えてしまうと、脳が無意識に簡単な質問に置き換えてしまい、正確な回答ができないのです。

つまり、事実と意見を混同して話すのを防ぐためには、脳の「遅いシステム」(≒論理的なもの)のほうを使えばよいということになります。

反射的に答えるのではなく、「話そうとすることをチェックする訓練」で直すことは可能なのです。

前出の『理科系の作文技術』の言葉を借りると、質問に反射的に回答するのでは

なく、

それは証明可能な事実か？

自ら判断を下した意見か？

を一息おいて考えてから、回答をすればよいのです。

その癖が身につけば、徐々に事実か、意見かを分けて話せるようになります。

「意見」を「事実」のように話す人たち

意見と事実を分けて話せるようになるために、注意力が必要だという話をしましたが、注意すべきは、前述した新人と上司の会話のように、事実を答えるべきところで意見を言ってしまう場面です。

ただし、もうひとつ、多くの人が陥りがちなケースがあります。

それは、「自分の意見」を、さも「事実」であるかのように話してしまうケースです。

わかりやすいのは、「みんな言ってるよ」というフレーズです。

たとえば、こんな具合です。

最近の若い人は、忍耐力が足りないね。

そうなんですか？

ほら、こないだ配属されてきたあの新人、もう来月辞めると。

へー、そうなんですね。

俺らの若いころは、歯を食いしばって、先輩のしごきに耐えたもんだけどね。

ちょっと待ってください、新人さんの忍耐力が足りないって、なんでわかるんですか？　直接指導してないでしょ。

え、みんな言ってるよ。あいつは忍耐力がないって。

……みんな、ってのは本当に「みんな」ですか？

えー、田中さんと、鈴木さん……かな。

（この人だめだな……）

このように、あくまでも自分の主観的な意見を事実として話してしまうのは、頭のいい人の態度とはいえません。

自分の意見を持つ方法

意見を事実のように話す人がいる一方で、〝一般論ばかりで自分の意見がない人〟もいます。

人の話を聞いて、〝あの人自分の意見がないよね〟と思ったことがある人もいるでしょうし、自分の意見を言うのが苦手だと感じている人もいるでしょう。

意見を一般化して話すのは知的な態度ではないが、一般論ばかりではつまらない。では、どうすればいいのでしょう？

そこでもう少し、「意見と事実」について掘り下げていきましょう。

さて、「意見と事実を分けて話そう」という話をすると、「感想はどうなるんですか？　感じたことは間違いのない事実なのですが……」と聞く人がいます。

たしかに、その人が感じたことは紛れもない事実です。ただし、それはあくまでも**主観的な事実**です。思ったことを他人に証明できるかというと「そう思ったので……」という他ありません。

一方で、証明が可能な**事実は、客観的事実**です。

では、意見はどうでしょう？

意見もあくまでも個人的な考え、つまり主観です。ただし、感想ではありません。意見というのは、主観的な事実に根拠をつけ加えることで、他の人にも納得できる形になったものです。

たとえば、「〇月〇日に京都で雪が降った」というのは、証明可能な客観的事実です。では、「寒がりの人は京都より大阪に住むべきだ」というのは、感想でしょうか？　意見でしょうか？

これがただ大阪の人が、冬の京都を歩いていて「寒っ……冬の京都は住めるもんじゃないな」と思っただけなら、あくまで感想です。

しかし、大阪に5年、京都に5年住んだ経験からくる話ならそれは、実体験という根拠に紐づいた〝意見〟になります。

つまり、〝自分の意見を持つ〟というのは、「主観的事実である感想から出発し、根拠を集めることで、他にも納得できる形にすること」といえます。

ここで第1章の「話を深くするコツ」を思い出してみてください。話を深くするコツは①自分とは逆の意見も調べる②統計データを調べる、でした。

この例に当てはめると、「京都の冬は素晴らしい」という意見や、京都と大阪の冬の気候のデータを持ってくることで、より説得力のある意見になります。

「それって感想ですよね？」と言われることを恐れて、自分の意見に蓋をしないようにしてください。はじめはみな、主観的事実である感想から出発するのです。

・事実を求められているときに、意見を述べない
・意見を事実のように言わない

を意識しながら、ぜひ、感想を意見に昇華させることを意識してみてください。

整理の思考法　それは事実か意見か感想か？

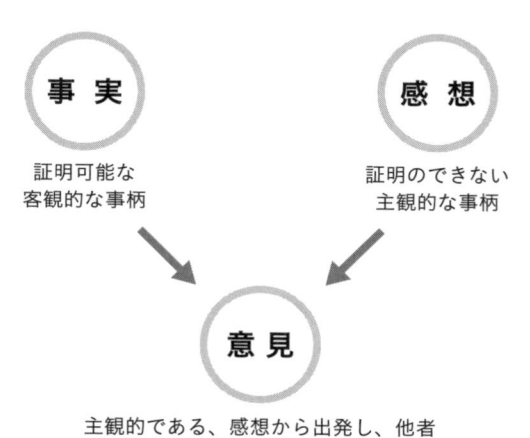

事実

証明可能な
客観的な事柄

感想

証明のできない
主観的な事柄

↓

意見

主観的である、感想から出発し、他者も納得できるような根拠を持ち合わせたもの。
実体験を含め、反対の意見や、データを持ち出すとより「深い意見」となる。

注意 事実と意見を混同するな！

①事実を答えるべきところで、意見を言ってしまう
　→**事実確認に時間がかかる**

②意見なのに、事実のように話す人
　→**思い込みの強い人、と見られる**

第3章

ちゃんと考える前に、ちゃんと聞こう

「傾聴」の思考法

本書の目的は、ちゃんと考えている人の

「ちゃんと」の部分を明らかにし、

だれもが頭のいい人になる方法をお伝えすることです。

この章では、“ちゃんと考える”ために必要不可欠な、

「ちゃんと話を聞く」とはどういうことなのか、

明らかにしていこうと思います。

みなさんも、一緒に考えてみてください。

上司の話、部下の話、取引先の話、夫の話、

妻の話、子どもの話

……ちゃんと聞けてますか？

〝聞く〟と〝ちゃんと聞く〟の間には大きな溝がある

人間が他者と関わらないと生きていけない動物である以上、「聞くこと」はコミュニケーションの基本なのですが、なぜか話すことに比べて軽視されがちです。おそらく、聞くことは話すことに比べて受動的で〝だれでもできる〟と思われているからでしょう。

たしかに、音声は勝手に聞こえてくるので、〝聞くだけ〟ならだれでもできます。

しかし、話をちゃんと聞くことは簡単ではありません。〝聞く〟と〝ちゃんと聞く〟の間には大きな溝があるのです。

コンサルティングの会社では、上司から「とにかく相手の話を積極的に聞け」と教わりました。

入社1年目で、社長からコンサル失格の言葉をいただいてから、信頼を取り戻すために私がまずやったのは、「相手の話をよく聞き、悩みを聞き出すこと」でした。

ちゃんと考えるためには、ちゃんと人の話を聞くことが必要不可欠で、実際、周りから慕われている有能な人たちは、周りの人の話をちゃんと聞く人ばかりでした。

自分が話すことよりも、相手の話を聞くことに比重を置ける人が、信頼を集め、結局、自分の話も聞いてもらえるのです。

聞いているふりは簡単だが、ちゃんと聞くのは難しい

聞き方に関する本には、話し方同様、相槌を打つとか、共感するとか、相手の言ったことを繰り返す（オウム返し）とか、さまざまなテクニックが書かれています。

しかし、これらのテクニックを使うだけでは聞くふりはできても、ちゃんと聞くこ

とはできません。

話を聞いているようで、実は話を聞いていない人はたくさんいます。

たとえば、部下にクライアントとの会食に同席してもらい、「ちゃんと社長の課題を聞いてくるように」と指示します。その後、上司と部下の会話が以下のように繰り広げられることは多々あります。

会食はどうだった？

楽しかったです！　とくに起業したときの社長の思いがよくわかりました！

次の仕事につながりそうなことはあった？

気にはしていたんですが……、あまり課題を教えてくれなかったような……。

そう？　はっきりは言わなかったけど、社長すごい悩んでたよ。とくに幹部の人との関係について。会話の端々に出てたじゃない。たとえば、「あいつはもっとやれる」とか「もっとコミュニケーションが必要」とか。

えっと……なんか言ってましたっけ？

……ちゃんと聞いてた？

えー……あまり自信がないです……。

部下は、社長の話を聞いていなかったわけではありません。よそ見をしていたり、携帯電話をイジっていたりしていたわけでもありません。ただ、残念ながらこの場合、ちゃんと聞けたことにはなりません。

上司と部下の「聞く」には、どのような差があったのでしょうか。

自分の理解できたことだけを切り取る人

「お客さんの話を全く聞けないメンバーがいる」

と経営者や管理職の方から愚痴を聞かされることが多々あります。

その話の聞けないメンバーは、一見〝聞き上手〟に見えるそうです。メモを取ったり、頷いたり、相槌を打ったりします。人の話を遮（さえぎ）ったりもしません。

それでも同僚やクライアントに「あの人、全然話を聞いてないんだよね」と言われてしまうのです。

コンサルティング会社にも〝話の聞けない人〟はいました。

かつて部下たちにコンサルティングに関する今後の会社の方針について説明したときのことです。

中小企業は、財務体質が強くないので、いきなり高額なコンサルティングを契約することができない。よって中小の新規客に〝コンサル〟を最初に売り込むのは難しい。でもそういうときは〝入口商材〟として研修が有効だとわかってきた。だから今後、研修事業に力を入れる。

と説明すると、こんな質問が飛んできたのです。

研修に力を入れるということはコンサルティングはもうやらないのでしょうか？

私は戸惑いました。なにせ、〝コンサルはやらない〟とはひと言も言っていないのです。いや、むしろ〝研修は入口商材〟と明言しているのです。

私はあまりにも不思議だったので、彼に尋ねました。

どう解釈をすると、今の話が〝コンサルティングはやらない〟となるのですか？

今後、研修事業に力を入れる、と言ったので。

私は、「言ってもいないことを勝手に想像しないでください」とツッコみたくなるのを我慢して「研修はあくまで入口で、最終的な目的はコンサルティングを契約していただくことです。コンサルティングをやめるはずがありません」と説明しました。

小学校の教室で先生が生徒に「話を聞きなさい！」と怒るシーンを思い浮かべてください。この場合、問題なのは〝話を聞こうとしないこと〟でした。

しかし、社会に出て、経営者や管理職が愚痴をこぼす〝話を聞けない人〟は、話を聞こうとしない人ではありません。話を聞いているのに、聞けない人です。**彼らは「自分の認識できたこと」だけ切り取って、話を聞いている**のです。

「コンサルティングはやらないのですか？」と答えた彼は、もしかしたら最初から否定してやろうという気持ちで私の話を聞いていたのかもしれません。相手の話すことを正確に聞こうとするのではなく、もともと何かを言う目的があって話を聞いていたのなら、話の一部しか聞いていないことも不思議ではありません。

この部下の例は、話を聞けない人の極端な例ですが、人間は多かれ少なかれ、自分に都合のいいように置き換える癖があるのです。

冒頭の「会食」で、課題を聞けなかった部下は、おそらく社長から発された起業の話の部分、「自分にとって面白かった話」だけを覚えていたのでしょう。

しかし、肝心の「課題」については、「興味がない、自分にはよくわからない」と、スルーしてしまっている可能性が高いのです。

ところが上司は、社長の話の一言一句に注意を向けており、会話の端々に現れる、経営幹部との軋轢（あつれき）に気づきました。

通常、社長は自社の課題を他の人に言うのは恥ずかしいため、はっきりと「これが課題」と言うことはありません。せいぜい「人間は難しいよね」などと匂わせるくらいです。

他人が話しているときに、自分が話すことを考えていないか

社長と経営幹部との軋轢に気づいた先ほどの上司のように、細部に気づくこともちゃんと聞くことに含まれます。

つまり、自分の好きなことや興味のあることだけを聞くのではなく、細部にまで耳を傾け、相手の思いを感じ取るのが、〝ちゃんと聞く〟ということなのです。

では、「細部まで聞く」にはどうしたらよいでしょう。ボーッと聞いていたら、先ほど説明したように、自分の理解できることだけ切り取って都合よく聞いてしまいます。

ここで知的で慕われる人が、話を聞いているときに何を考えているのか、考えて

みましょう。

人がだれかの話を「聞く」ときに考えていることは、以下の2種類に分かれます。

1　自分の言いたいことを考えながら聞く
2　相手の言いたいことを考えながら聞く

頭のいい人が話を聞くときに、考えていること

1　自分の言いたいことを考えながら聞く

人の話を聞いているときに、「反論」で頭がいっぱいになってしまうなど、**次に自分が話すことで頭がいっぱいになっている人**がいます。これでは人の話をちゃんと

聞くことはできません。

このような人は「人の話を否定し、自分が勝った気になる」ために人の話を聞いています。人間としてまだ成熟していない、子どもの態度といっていいでしょう。

あるいは、「うまいことを言おう、悩みを解決してやろう」と思いながら聞いている人もいます。

反論に比べるとマシですが、こういう人は〝教えてやろう〟という気持ちが先行し、相手の話をちゃんと聞いておらず、成熟した知的な態度とはいえません。

〝教えてやろう〟と思っている人は「〇〇すればいいじゃない」「なんで〇〇しないの？」「そんなこと悩まなくていいよ。〇〇だし」「簡単だよ。〇〇すればいいんだよ」と、解決するための言葉をよかれと思って投げかけます。

しかし、〝教えてやろう〟は多くの場合、単なるおせっかいであり、聞き手は教えてもらうことを望んでいません。「人に教えてあげることで、自分が感謝される」あるいは「自分の優越を確認する」ことが、聞く目的となっています。

これらの態度は、**相手のことを考えているようで自分のことを考えながら聞いて**

いるので、相手からは自己中心的に見えます。

決してボーッと聞いているわけではありませんが、相手からすると、「ちゃんと聞いているかな？」という気持ちになります。話を聞いてくれているようで、聞いていない状態なのです。

また、自分の言いたいことありきなので、臨機応変さがありません。

話が違う方向に行っているのに、無理やり元に戻そうとすることもあります。

たまに、インタビュアーでも、「答えありき」でインタビューする人がいますが、この人も相手の話を聞いているようで、言いたいことで頭がいっぱいなのです。

2　相手の言いたいことを考えながら聞く

それに対してちゃんと話を聞ける人は、余計な口を挟まず、〝言いたいことはなんだろうか〟と考えながら、まずは**相手の話を正確に理解しようとします。**

話す側の立場に立てば、相手がこのような態度で聞いてくれると〝自分の話を正確に受け取ってくれた〟という感覚になります。

その上で、相手から〝学ぼう〟という意識で聞くと、さらに相手から信頼されます。

私は学生時代の恩師に「もし今、〝人生がそれほどうまくいっていない〟と思うなら、人の話をよく聞くだけで、人生は好転するよ」と教わりました。

知的で慕われている人たちは、人の話をよく聞いています。

私が今までお会いしてきた経営者の中にはひと周り以上年下の私から〝学ぼう〟と思って話を聞いてくれる人もいました。

このような態度には「話し手への敬意」がベースにあります。敬意があるので、相手も非常に話しやすく感じます。そして「聞いてもらっている」という感覚ではなく、おそらくは「対話している」という感覚になり、より深い信頼感が生まれます。

そして、「相手が何を言いたいのだろうか」を真剣に考えている聞き手は、次のような態度で聞きます。

言い換えれば、次のような態度は、人生を好転させる、人の話をよく聞くための態度といえます。

知的で慕われている人の聞く態度

よく聞くための態度 1　肯定も否定もしない

安易に「わかった」と言うと嫌われます。かといって、「違う」と否定しても嫌われます。ちゃんと聞く人は、肯定も否定もせず、「そうなんですね」「なるほど」と相槌を打ちながらまずは相手に気持ちよく話してもらうのです。

よく聞くための態度 2　相手を評価しない

相手の話を評価すると、知らず知らずのうちに態度に出てしまいます。相手のことを評価しないためには「良い」も「悪い」もなく、相手がそう思っている、というだけの話だと割り切って聞きましょう。評価したくなっても「あなたがそう思うのならそうなんでしょう」と思うようにしましょう。

よく聞くための態度

3　意見を安易に言わない

「どう思う？」と聞かれても、すぐに自分の意見は言わないことが大事です。アドバイスも容易にしてはいけません。

相手はあなたの話を聞きたいのではなく、安心したいだけです。ですから、「ご想像の通りだと思いますよ」「おっしゃる通りだと思います」など、相手の期待通りの返事をしながら、まずは相手の話をすべて聞き出します。

よく聞くための態度

4　話が途切れたら、むしろ沈黙する

相手の話が途切れたら、まずは沈黙して、相手が話し出すのを待ちましょう。沈黙を怖がってはいけません。

こちらに何か求めているようならば、じっと相手を見てうなずく。すると、また相手は話し始めます。

よく聞くための態度

5　自分の好奇心を総動員する

相手が一見普通の人であっても、みんな何かしらの面白い話を持っていて、かつ何かのプロであるという意識を持って聞きます。

相手の話がつまらないと感じるなら、それは自分の好奇心が足りないからです。

そして相手の話を正確に最後まで聞き終えたら「相手は私に何を言ってほしいのだろうか」と考えるのが、知的で慕われる人です。

「褒めてほしいのだろうか」「共感の言葉が欲しいのだろうか」「解決策を求めているのだろうか」「提案が欲しいのだろうか」「慰めてほしいのだろうか」と考えるのです。相手の話をちゃんと正確に聞けているのであれば、相手が自分にどのような会話を期待しているのか、わかるはずです。

相手が話しているときに、
自分が話すことを考えるのではなく、
まずは相手が言いたいことを
正確に聞こう。

「傾聴」の思考法

アドバイスするな、整理せよ

パートナーや友人、後輩から相談を持ちかけられ、親切心から「アドバイス」をしたけれど、相手に響かず、むしろ不機嫌になってしまった……という経験はないでしょうか？

お恥ずかしながら、私はよくあります。

しかも、のちに「なんで言った通りにやらないの？」と相手を責めてしまい、余計関係がギクシャクする……。

職場でもこういった光景をときどき目にします。

アドバイスするという行為は、非常に高度なコミュニケーションスキルを要します。

コンサルタントになったばかりの私は、〝コンサルはアドバイスする職業〟と思っていましたが、実は上司から「安易にアドバイスするな」と言われていました。

何を言うかよりも、だれが言うか

いくらアドバイスが正しくても、人は動きません。人は、理屈ではなく、感情で動くからです。

たとえば私は仕事柄、多くの上司が「素直ではない社員」に悩むのを目にしてきました。

彼らは何を言っても、その場しのぎの返答だけで、行動が変わることがありません。

「なぜ行動を変えないのか」と聞くと「時間がない」「権限がない」「わからない」「やりたくない」で、話は終わってしまうのです。つまり〝気が乗らない〟ものに関しては、いくらでもそれを正当化する言い訳が浮かんでくるのが人間の性です。

こういう人に対してはいくら「こうすればうまくいくよ」と上司がアドバイスをしても、聞く耳を持たないのですが、驚いたことに言う人が変わるだけで聞き入れてくれるケースがあります。

たとえば、上司ではなくその人が好意を持っている同僚から言ってもらうだけでアドバイスが実行に移されるケースがあるのです。

それはまさに「何を言うか」より「だれが言うか」が重要だからであり、アドバイスを受けて納得し、行動に移すのは、その相手をよほど尊敬し、慕っている場合だけなのです。

アドバイスではなく、交通整理せよ

コンサルティング会社に就職して、数年経った私は、**〝コンサルタントはアドバイスする職業ではなく、交通整理する職業だ〟**と認識するようになりました。

それは実際に、コンサルタントとしての仕事のほとんどを、経営者の悩みを聞き、問題点を洗い出し、整理することに費やしていたからです。

整理とは〝いらないものを捨てて、必要なものだけ残す〟行為です。

したがって、「相手の話を整理する」とは、相手の話から余分な情報を捨てて、判断に必要な情報だけを残してあげる行為、と言い換えられるでしょう。

相手の話を整理しながら聞くことで、相手の考えていることを、話している本人もより深く理解することができ、行動に移すことができます。

この整理しながら聞く技術は、コンサルだけでなく、あらゆる場面で役に立ちます。

たとえば、つい先日のことです。

私が出張のため空港にいるとき、急に妻から電話がかかってきました。

飛行機に乗る寸前なので、何事かと思ったのですが、電話に出てみると、

子どもたちが着る、七五三の貸衣装。どれが良いか、決めきれないので相談に

乗ってほしい。

とのことでした。時間がないので、短時間で妻の相談に応じねばなりません。
そこで、「整理」をすることにしました。

まずはゴールの確認です。

さっき送ってもらった写真の中で、どの衣装にするか、決めたいんだよね？

うん。

ここでやってしまいがちなのが、「写真」だけを見て、自分の好みを話すことです。
当然、妻は納得しないでしょう。
一方的な好みを押し付けられて、自分の話を聞いてもらえていないからです。
また、七五三の衣装とは本来……なんていう、自分のうんちくを言うのも、最低な行為です。

迷っているポイントを教えて。

するとと、妻は話を始めました。

まず、価格が◯◯円と、△△円で、大きく違うの。

うん。だいぶ違うね。

だけど、色はこっちの高いほうが、鮮やかで新しい感じ。

うん。なるほど。

子どもたちは、鮮やかなほうに惹かれているみたいなんだけど。

うん。

だけど、鮮やかなほうにした場合、神社で写真を撮れる時間が、だいぶ遅くなって、16時以降になってしまうみたいなの。

あ、そうなると、もう暗くなっているから、神社での写真は無理で、写真館での集合写真しか撮れないね。

そうなの。だから迷ってて。

そこで私は「不要な情報」を切ることにしました。

まず価格だけど、この前、おじいちゃんとおばあちゃんが、少しお金を出してくれると言ってなかった？

そう。

それだと、判断基準として、価格は重要度が下がる気がするんだけど。

たしかにね。

あと、〝子どもたちの好み〟って、コロコロ変わるんじゃないの？　優先度低くない？

うーん、そうかもしれない。たしかに、子どもたちの趣味だけで決めるわけにもいかないし。

おじいちゃんと、おばあちゃんに聞いたら、また変わるかも。

たしかにね。

そうなると、重要なのは「時間」だけじゃない？　夕方からしか借りられなくても、問題はない？

うん、わかった。考えてみるね。

整理しながら聞く技術

では、どうやって相手の話を整理しながら聞くのか？　ここでは、相手の話を正確に理解するための、整理のポイントをお伝えしていこうと思います。

1　ゴールの確認

相談に対してはまず「ゴールの確認」を行います。ただし注意点として、ここでしなければならないのはあくまで〝確認〟であって〝提案〟ではありません。したがって、相手の言葉を簡潔に「オウム返し」するのが、ゴールの確認で必要な行為です。「オウム返し」のテクニックはここで使います。

決してあなたの言葉を使うのではなく、相手の言葉を使って返すことで「ちゃんと聞こうとしてくれてるな」と思ってもらえます。

2　考えていることを聞く

どんな人でも、相談すべき課題があれば、何かしらの解決策を持っているものです。あるいは、それまで悩んできた過程があるものです。

ゴールを確認したあと、それを聞かずに自分の考えを述べてしまうと、相手は「自分の考えを聞いてもらえていない」と不満を持つケースが多いので、必ず最初に相手の考えを聞き、スッキリするまでモヤモヤしていることを吐き出してもらいます。

3　話を整理して相手の意思決定を助ける

相手が相談をしてきたということは、何かしらの決定を妨げる要因がある、ということです。

「こうしたい」という相手の意志が聞けたら、それを素直に推してあげましょう。あなたの思う解決策やアドバイスを話す必要はありません。

あえて何かをするならば、つじつまが合わない部分を「これって〜だよね」と確認だけしてください。すると相手は「話を理解してもらった」と感じてくれるはずです。

また、「こうしたい」という意志がない相手であれば、そのまま相手の話を聞くだけにとどめてください。その人は話を聞いてもらいたいだけなはずです。

ここまで、「傾聴」の思考法として、ちゃんと聞くとはどういうことかを明らかにしながら、聞く態度や、聞く技術をお伝えしてきました。

人間は、つい、自分の話をしたくなるものです。

相手のためを思って、意見を言ったり、アドバイスをしてしまいます。

そういうときこそ、相手の話を整理しながら聞き、自分が言いたいことではなく、相手が言いたいのことはなんなのかを考えながら聞く姿勢を忘れないでほしいと思います。

次の章では、「傾聴」の思考法を身につけた上で、より具体的に深く掘り下げていく、「質問」についてお伝えします。

アドバイスしたいときほど、
相手の話を
整理しながら正確に聞く。

第4章

深く聞く技術と教わる技術

「質問」の思考法

頭のいい人は間違いなく質問が上手です。

質問でその人の「頭のよさ」がわかるといっても過言ではなく、
頓珍漢な質問をしてしまうと“ちゃんと聞いていたか”とか
“自分で考えろ”と思われかねません。

逆に上手に質問していくことによって、相手の言いたいことや
自分の知りたいことをうまく引き出すことができます。

聞き上手は質問を駆使して、相手が気づいていない
部分まで話を掘り下げ、一緒に思考を深めていきます。

また、新人が仕事のできる人になるか、できない人になるかは、
質問がうまいかどうかで見極められます。質問がうまい人は、
教わるのがうまいからです。教わることがうまい人は
どの分野でも業界でも成果を上げることができます。

この章では「深く聞く技術」と「教わる技術」の
ふたつの方向から、頭のいい人が質問する前に
何を考えているかを明確にしていきます。

人が人とコミュニケーションをとる理由

まず、深く聞く技術について説明していきましょう。

相手のことをより深く理解するには、質問を駆使して話を引き出す必要があります。

では、どのような質問をすればいいのでしょうか。

「ねえ、もっと深く教えて」

と聞いたからといって、相手のことを深く知ることができるわけではありません。

人がだれかに相談して スッキリする瞬間

だれかに相談して〝スッキリした〟経験はありますか。

進路相談でも、仕事の相談でも恋愛相談でもかまいません。

それは、言語化されていなかった思いが明確になったからではないでしょうか。

人間は必ずしも、自分の考えていることをはっきり認識できているわけではありません。自分のことなのに、自分でもわからないからこそ、モヤモヤします。モヤモヤしている状態では行動に移すこともできないので、苦しいのです。

モヤモヤしていたことが言語化され、明確になると、やるべきことがはっきりし、行動に移すことができます。

〝上司との関係に悩んでいたけど、それは自分のこういう価値観があったからなんだ。上司とは価値観が違う人間と割り切って接そう〟

〝転職するかどうかで悩んでいたけど、本当にやりたかったのはこれか〟
〝彼氏と結婚するか別れるか悩んでいたけど、本当は会社が嫌で辞めたいだけだった〟

というような具合に。

【黄金法則 その3】は〝人はちゃんと考えてくれてる人を信頼する〟でしたが、この章でお伝えする**「深く聞く技術」は、コミュニケーションをとりながら一緒に思考を掘り下げることで信頼関係を築く技術**です。

だれかに相談して、相談してよかった、また話したいと思うのは、正しい答えを教えてくれたときではなく、一緒に考えてくれて、一緒に答えにたどり着いた瞬間です。107ページで賢いふりではなく、知らないふりをしたAさんとクライアントとの会話を紹介しましたが、Aさんはまさしく、すぐに答えを提示するのではなく、クライアントと一緒に考えて、一緒に答えにたどり着くコミュニケーションのスタイルでクライアントの信頼を得ていました。

この技術が使えるのは、悩み相談に限った話ではありません。

仕事の打ち合わせでも、表面的な話しかできない人と、核心に触れる話し合いができる人がいますが、当然、打ち合わせの価値として高いのは後者です。

私自身も、「相談」によって助かったことが何度もあります。

たとえば、ロジカルシンキングに関するセミナーのテキスト制作に携わったときのこと。

テキストの冒頭で、「ロジカルシンキングとは何か?」という説明を入れる必要がありましたが、ロジカルシンキングを正確に定義する言葉がどこを探しても見つからず、困った末に上司に相談しました。

私が正直に「ロジカルシンキング」のわかりやすい定義がどこにもない、と相談すると、その上司は「安達さんはどう思っているの?」と聞き返しました。

「ロジカルシンキングとは、大きく分けると演繹と帰納だと思います」

と私が述べると上司は、

「それならいっそのこと、〝筋が通っていること〟でいいじゃない?」

そして、他の人を呼び、ロジカルシンキングに関するわかりやすい定義をみんなで考えてくれました。

結局、〝ロジカルシンキングとは、筋道の通った考え〟と定義されました。

今思い返しても、演繹や帰納についてくどくど説明するよりも、本質的で理解しやすい定義になったと思います。

その上司は、人を巻き込みながら思考を掘り下げるのが本当にうまい人でした。相談すると私だけでは気づけなかった課題を気づかせてくれるだけでなく、社内の他の人の協力まで取り付ける人でした。

こんな上司なら、〝相談してよかった！〟と思うはずです。

ひとりでは気づかなかったことに気づく

これが、人が人とコミュニケーションをとる理由ともいえるでしょう。

プライベートも同様です。好きなアニメの話。感動した映画の話。旅行の話。常に本質的な話をする必要はありませんが、ときには深く掘り下げて話をしたいときもあります。

そして、繰り返しになりますが、気づかなかったことに気づくためには、深く聞く技術が欠かせないのです。

コミュニケーションの醍醐味は
一緒に思考を掘り下げることで、
ひとりでは気づかなかったことに
気づくこと。

深く聞く技術①

米国政府やグーグルが使う質問術

ここからは、深く聞く技術として、具体的な質問術をお伝えしましょう。

コンサルタントは限られた時間で、相手と信頼を構築しながら、企業が抱える問題の本質をつかむ必要があります。そこで参考になるのは、「構造化面接」と呼ばれるインタビュー術です。

企業の採用は現在、基本的に面接によって行われます。

しかし、30分～1時間の面接で、応募者の本質を見極め、自社とマッチするかどうか判断するのは簡単ではありません。

私自身、コンサルタントとして企業の採用活動に携わる中で面接官を務めたり、現在も自身の会社で採用に関わっていますが、採用面接は簡単でないことは痛いほどわかります。

というのも、企業では結局、面接官の好みや、第一印象によって合否を決めてしまうことがほとんどだからです。

事実、ある研究では、現在行われているような面接は、候補者の入社後のパフォーマンス予測にほとんど役に立たない、という結果が出ており、多くの会社で、求めていた人材と採用した人材とのギャップが生じ、せっかくコストをかけて採用したのに〝すぐに辞めてしまった〟ということも珍しくありません。

グーグルの人事トップであったラズロ・ボック氏がこうした現状を打開すべく、面接の精度を上げるために取り入れたのが、「構造化面接」と呼ばれる手法です。

この面接手法は精神医療の分野や、米国政府がすでに取り入れており、通常の面接に比べ、入社後のパフォーマンス予測精度が高いことがわかっています。

質問はたったの5種類

米国政府が公開している構造化面接のマニュアルによれば、構造化面接では〝導入の質問は2種類、深掘りの質問は3種類〟としており、たったの5種類しかありません。

まず、導入の質問です。

導入質問 1 〝過去に行った行動〟についての質問
「直面した状況にどのように対応したか？」

たとえば、過去のプロジェクト等でどのような実績をどうやって上げたか、といったような質問です。これは、「将来の行動を最もよく予測するのは、同じような状況下での過去の行動である」という考え方に基づいています。

「気難しい人、敵対的な人、悩みを抱えている人に対処した状況について説明してください。だれが関与していましたか？　あなたは具体的にどのような行動をとり、その結果はどうなりましたか？」

導入質問 2　〝仮定の状況判断〟に基づく質問　「仮にこのような状況に置かれたとしたら、どのようにしますか？」

状況判断に関する質問は、「人の意図が実際の行動と密接に結びついている」という考えに基づいて、候補者に現実的な仕事のシナリオやジレンマを与え、候補者がどのように対応するかを尋ねます。

「非常に怒った取引先が連絡してきました。彼女は、5日前に納品されるはずのものがまだ届いていないと言っています。

今すぐ製品を用意しろと取引先は要求してきますが、上司や工場に尋ねると、『今すぐ納品は無理だから、クライアントをなんとかなだめてほしい』と言われました。あなたならこの状況にどう対処しますか？」

この2種類のいずれか、もしくはその組み合わせによって導入質問をしたあと、以下の3つの質問で深掘りしていきます。

深掘り質問 1

状況(シチュエーション)に関する質問
「そのとき、どのような状況でしたか?」

たとえば、導入質問①で「悩みを抱えた人から相談を受けたときのことを教えてください」と質問し、「不動産営業をやっていたのですが、成績不振の部下の相談にのっていました」と候補者が答えたとします。そこで「具体的にどのような状況でしたか?」と、状況について深掘りをします。

深掘り質問 2

行動(アクション)に関する質問
「そのとき、何をしましたか?」

たとえば、候補者が、「前任の管理職がどちらかというと〝俺の言う通りにやれ〟というマネジメントスタイルだったので、あえてその逆に現場の課題を吸い上げました」と答えたとします。

その答えに対して「その状況を受けて具体的に何をしましたか？」「行動したときに重視したことはなんですか？」と質問します。

深掘り質問 3

成果に関する質問　「行動の結果、どのような変化がありましたか？」「何か現場で反発はありましたか？」

3つめは、行動に対する成果を聞きます。深掘り質問2の「その状況を受けて何をしましたか？」という質問に対して、「支店のメンバー全員と面談をしました」と返ってきた場合、「その面談によって、成果はどのように変わりましたか？　変わらなかった人へは何をしましたか？」という具合に質問します。

プライベートでも使える万能質問術

面接のパフォーマンスを一定に保つための構造化面接のポイントやルールは他に

もありますが、ここでみなさんに知っていただきたいのは、**採用面接ですら、導入の質問ふたつと深掘りの質問3つだけで、成り立つ**ということです。

人を採用するということは多大なるコストがかかります。年収600万円の社員をひとり採用するということは、最低でも年間600万円、10年勤めるとしたら、6000万円のコストがかかります。そんな重大な決断をするための、質問がこの5種類だけでいいのです。この構造化面接の質問術は、短時間で相手のことを深く知り本質に迫ることができる質問術といえるでしょう。

そしてこの質問術は、面接以外の場面でも、プライベートでも大いに力を発揮してくれます。

たとえば、〝婚活〟をイメージしてください。

初対面の相手と短時間でコミュニケーションをとり、関係を深め、この人と一緒にいたいかどうか判断する必要があります。

構造化面接の5つの質問を組み合わせることで、次のように話を掘り下げることができます。

まずは導入質問1を使います。過去に何をやっていたか、を聞くのです。

先ほど自己紹介で趣味が音楽だとおっしゃっていましたが、学生時代に何か楽器など、やられていたんですか？

吹奏楽部で、フルート吹いてました。

ここで、深く聞く技術を持たない人は、

そうなんですね、僕は楽器やったことなくて……小学校からずっと野球部で……。

と自分の話をしてしまいます。

思い出してください、【黄金法則 その2】を。コミュニケーションの主体は相手にあると思ってください。相手に聞かれてもいないのに、自分の話をしてしまうのは、頭のいい人ではありません。

そこで深掘り質問1を使いましょう。状況を深く聞いていきます。

吹奏楽部だったんですね。僕は吹奏楽部については、いろいろな楽器がある、ということくらいしか知らないのですが、かなり大所帯だったんですか？

かなり人数はいました。高校のときは全学年で60人くらいいました。

ここで深掘り質問2。状況に対しての行動を聞きます。

そんなに人数いたら、練習はパートごとや、学年ごとに分かれてやるんですかね？　結構練習大変でした？

そうですね、テーマ別にいくつかのグループに分かれて、毎日夜遅くまで練習してました。

そして、深掘り質問3。その行動に対する成果を聞きます。

大会とかもあるのでしょうか？

はい、出ることはできたんですが、全国には行けませんでした。県予選の惜しいところで負けちゃって。

そうですか。でも、県予選でいいところまで行くだけでもすごいと思います。

ここで導入質問2に戻ってみましょう。「仮に〜」「もし〜」を使います。

もし時間があったら、またフルート吹きたいですか？

そうですね……今は、そこまで演奏したいっていうよりも、聴きに行きたいですね。聴くのも好きなんです。クラシックとか。

いいですね！　僕も聴くのは嫌いじゃないです。おすすめの曲とか、ありますか？

構造化面接の手法を使って、「学生時代にやっていたこと」ことから「音楽が好きで、今は演奏会に行って音楽を鑑賞したい」ということまで引き出すことができました。

この手法は万能です。打ち合わせで相手の話を引き出したいとき、プライベートで会話を盛り上げたいとき、ぜひ使ってみてください。

何をしたんですか？（過去の行動）

そのとき、どんな状況だったんですか？（状況の深掘り）

その状況でどうしたんですか？（行動の深掘り）

その結果どうなったんですか？（成果・結果の深掘り）

今度仮に、こういう状況になったらどうしますか？（仮定の状況における行動）

もちろん、「尋問」になっては困りますから、相手の様子を見ながら、質問は小出しにすべきです。また、基本的には相手が話している限りは、聞きに徹することです。

しかし、会話が途切れそうになったときには、これらの質問を組み合わせて繰り返すだけで、相手の話を掘り下げることができます。

深く聞く技術②

質問の前に仮説を立てる

構造化面接の手法に加えて、もうひとつ深く聞く技術を紹介しましょう。
たとえば、クライアントの意思決定者に話を聞く機会を得たとします。
あなたは意思決定者が何を課題と感じているのか、引き出さなければいけません。

部長は、今何を課題に感じていますか？

とストレートに聞くこともできます。
この質問で望んでいる答えを引き出せればいいですが、

とくに喫緊の課題はないですね……。

と、うまく返ってこない場合がほとんどでしょう。この場合どうするか。
それは〝仮説を立てて質問をする〟ことです。

するとこのように質問できます。

先日、売上の心配をされていらっしゃいましたが、もしかしたら営業上の課題を感じていらっしゃるのでしょうか。それとも商材、マーケティングなど、他の課題でしょうか？

つまり、売上不振の原因は営業にあるのではないか？　という仮説です。
するとこう返ってくるかもしれません。

たしかに、営業に全く課題がないわけではないですが、どちらかというと頭が痛いのは、新規のお客さんの定着が良くないことですね。契約の継続率をなんとかしたいのですが……。

売上不振の原因は営業にあるのではないか、という仮説は当たりませんでした。ただ、大事なのは仮説が当たったかどうか、ではありません。仮説を提示することで、〝契約の継続率〟という課題を引き出すことができました。

もちろん、このようにすんなり相手の思いを引き出せないこともあります。ただ、仮説を立てて質問するのとそうでないのとでは、回答の〝質〟が変わってきます。

つまり、**ちゃんと考えて質問するというのは、質問する前に、相手の立場に立ち、仮説をもって質問する**ということなのです。

コンサルタントの世界では、常に仮説という言葉が飛び交います。頭のいい人は常に仮説を立てて考えていると言ってもいいでしょう。

とはいえ、いきなり仮説を立てろと言われても……と思う人もいるでしょう。

そこでおすすめなのは、「もし仮に私が〇〇の立場だったら……」で質問してみることです。

「もし私が部長の立場だったら……プレッシャーに押しつぶされそうになると思うんですが、部長はどうですか？」

「もし私が妻(夫)の立場だったら……」「もし部下の立場だったら……」

また、1章でお伝えした「話を深くするコツ」の〝自分と反対の意見を調べる〟を応用して、反対の意見から仮説を立てて質問することもできます。

「社長の意見に対して、〇〇といった反対の意見も社員から出る可能性もありますが、いかがですか？」

これで「どう思う？」と漠然と聞くよりも、間違いなく返答の質が変わってくるはずです。

まとめると、仮説を立てて質問するというのは、質問の前に、さまざまな角度から物事を考えて質問するということなのです。

質問の〝質〟は、
質問する前に
仮説をどれだけ
立てられるかどうか、
で決まる。

教わる技術

質問がうまい人と下手な人の違い

ここまで、相手と一緒に思考を掘り下げるための、深く聞く技術をお伝えしてきました。

ここからは、教わる場合に使える質問の技術をお伝えしていきます。

以下は、だれかから何かを教わる際に、考えるべき最も大事なことを示唆する、政府の役人の話です。

公式の規則では、役人が助けを求めていい相手は上司だけということになっていた。もちろん役人たちは、しょっちゅう上司に助けを求めたりはしたがらなかっ

> た。うっとうしがられるし、それに自分の無知や独立性のなさを認めることになってしまうからだ。そこでかれらは系統的に規則を破った。お互いに相談しあったのだ。（中略）
> そして予想とは異なり、技能の低い役人が技能の高い役人に相談することはほとんどなかった。低技能の役人は同じく低技能の仲間と相談して助言をやりとりした。

これは、ノーベル経済学賞を２００１年に受賞したアカロフ教授と、同賞を２０１３年に受賞したシラー教授との共著『アニマルスピリット』の中の**「ややこしい訴訟に巻き込まれた、政府の役人」の特徴**に関する記述です。

これまで数々の新人を見てきましたが**教わるのがうまい人は、聞きやすい人や身近な人ではなく、〝聞くべき人〟を考えてから聞きにいき、さっさと課題を解決し、成長します**。

では、聞くべき人とはどんな人か。それは答えを知っている人であり、的確な助言をくれる、簡単に言うと、優秀で頭のいい人です。

頭のいい人たちの輪に入ろう

『アニマルスピリット』の中の**「ややこしい訴訟に巻き込まれた、政府の役人」**の記述はこう続きます。

そして高技能の役人は、他の高技能の役人とお互いに助言しあった。

つまり、優秀で頭のいい人たちは、優秀で頭のいい人たちと相談し合い、優秀でない人たちは優秀でない人たちと相談し合う、という構図が生まれるのです。そこから脱却するためには、優秀な頭のいい人たちの輪に入るための〝教わる技術〟が欠かせません。

とはいえ、優秀で頭のいい人たちは、仕事ができるので、往々にして時間がありません。ゆえに、引け目を感じてしまうのもよくわかります。だからこそ、うまく教わる技術が必要なのです。

ここでは、教わり上手の人がどのように質問しているかをご紹介します。

教わる技術 1　一度にひとつのことしか聞かない

テレアポについて、最初の質問は担当者の突破の仕方です。まずはこれを教えていただけないですか？

このように教わり上手は、一度にひとつのことしか聞きません。逆に教わるのが下手な人は、相手の都合を考えず、質問を畳みかけてしまいます。

テレアポのときに困ったことがありました。担当者から社長につながりません。それでもっと困ったのが、社長につながったときのトークで、電話をかける時間帯も問題なんですかね？

これでは、回答者もどれから答えてよいかわかりません。

場合によっては質問を受けた側がメモをとらないといけなくなります。これでは

「面倒な奴だなあ」と思われても仕方ありません。

教わる技術 2 目的を知らせる

では、一度にひとつのことしか聞かずに、具体的にどうすればいいのでしょう？

質問の形として最悪なのは、「営業がうまくいきません、どうすればいいでしょうか？」というざっくりとした質問です。

ざっくりした質問には、ざっくりした回答しか得られません。もし、ざっくりした質問に、ちゃんと答えようとするなら、質問された側が、質問した側に状況などを聞き返す労力が発生します。

営業でうまくいかないのは、どういうとき？　最後のクロージング？

というように。もちろん、相手が「いい人」なら、質問に応じてくれるでしょうが、それが何度も続けば、「面倒な人だ」と思われても仕方ありません。

ざっくりとした質問から抜け出すには、まず目的を知らせてください。

要素分解して具体的に聞く

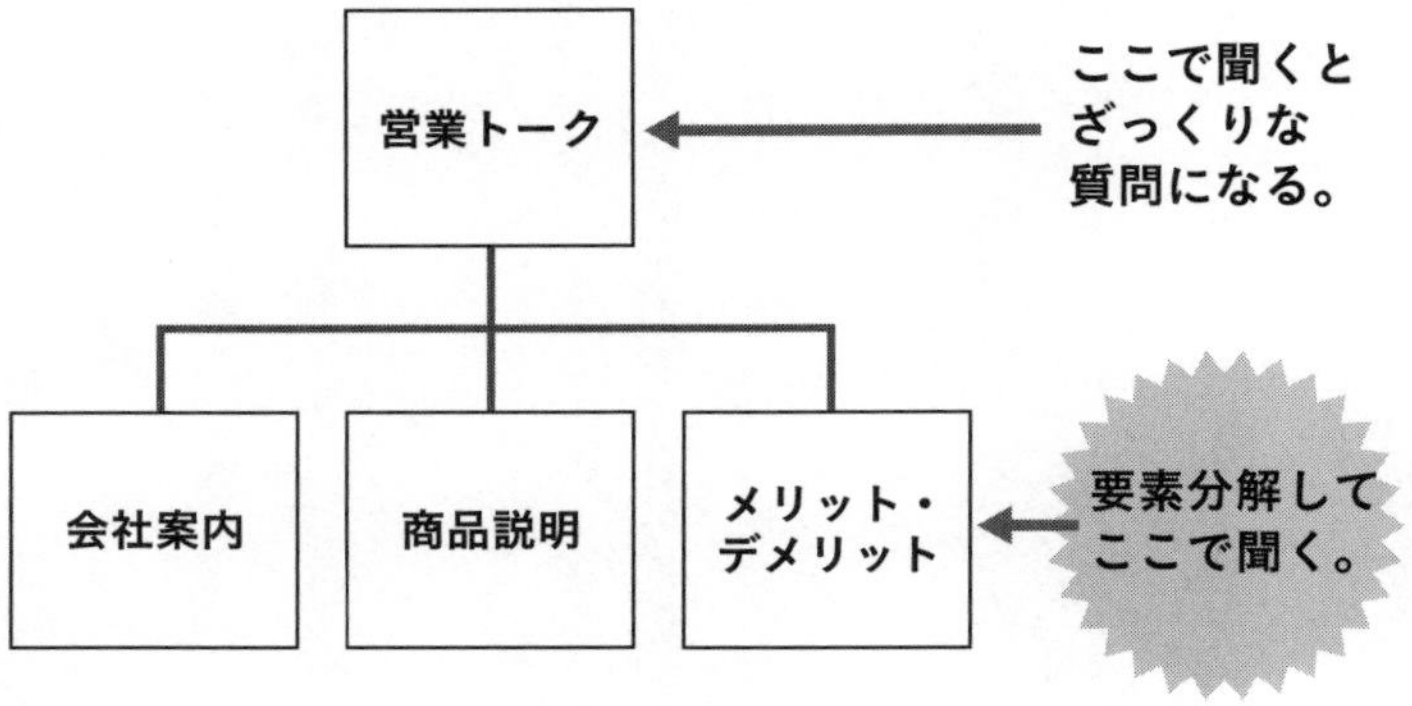

ブログってどうやって書けばいいのですか？

ではなく

ブログでアクセス数を稼ぎたいのですが、なかなかアクセス数が伸びません。どう書けばいいですか？

目的を知らせることで、相手は質問の意図を確認する手間が省けます。

教わる技術 3

要素分解して具体的に聞く

とはいえ、まだざっくりとしています。

そこで、教わり上手は、質問をできるだけ単純な要素に、分解します。

営業の導入時の、会社案内について聞きたいことがあります。

営業でよく聞かれる質問の○○について、聞きたいことがあります。

といった具合です。

2章で整理することの大切さを説きました。質問の際も同様です。聞きたいことを分解し、整理する必要があります。すると具体的に聞くことができます。具体的に聞くことができれば、相手も具体的に答えることができます。

教わる技術

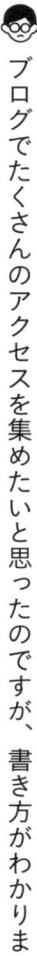

4 今までにやったことを細大もらさず伝える

自分は今、どの状況にいるのかを伝えることで、相手はより教えやすくなります。そのためには、今の状況に至るまで何をやったかを伝えます。

ブログでたくさんのアクセスを集めたいと思ったのですが、書き方がわかりません。教えてもらえないでしょうか？

いいよ。

まず〝記事の書き方〟を調べました。ただ、それだけではアクセス増にならないと思って、SEOについても調べました。他にも〝更新頻度〟や〝記事の量〟など、さまざまなことが出てきました。

うん。それで？

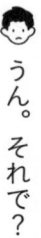

そこで思いました。私〝アクセス増〟について、何がわかっていないかがわからない状態です。状況を整理することを手伝ってもらえないでしょうか？

そうだね、まずアクセス増の一般的な方法をいくつか話そうか。

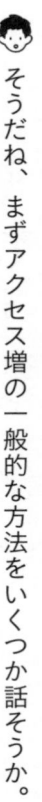

答えづらい質問をしてしまう原因は、自分が何をわかっていないのかが、わかっていないことにあります。逆に答えやすい質問は、質問者が何がわかっていないのかが、明確な場合です。

そこで「わからない」に至った経緯を話すことで「何がわからないかわかる」ことにつながり、的確な助言が得られるのです。

ちなみに教わる際にも、前出の深く聞く技術が使えます。

もし、相手に時間があるなら、自分が聞きたいことを聞いたあと、

「先輩は、若手のころ、どうやって営業成績を上げたんですか？」（行動の質問）

「もし、先輩が私と同じ立場だったらどうします？」（仮定の質問）

と教わったことを深く掘り下げることで、より本質に迫ることができます。

上手に教わり、深く聞く。

3章でお伝えした、〝ちゃんと聞く〟に加え、〝深く聞く〟と〝うまく教わる〟このふたつの技術があれば、たとえ口ベタであっても、コミュニケーションに困ることは少ないはずです。

第 5 章

最後に言葉にしてインパクトを残す

「言語化」の思考法

昨日読んだネットの記事、覚えていますか？

今朝乗った電車にどんな広告がありましたか？

先週会った人の話、どれくらい記憶にありますか？

ネットとスマホの台頭で、情報とコミュニケーションの量は

ひと昔前に比べて格段に増えました。

その分、人の記憶に残るのが難しくなった時代だといえます。

本書の最後のテーマは、そんな時代に人の心に

インパクトを残す「言語化」の思考法です。

世の中は、「言語化する能力」が高い人が、有利に事を運べる、

といっても過言ではありません。

・ものを売る

・アイデアを出す

・人とつながり、居場所をつくる

これらすべてにおいて「言語化能力」が重要な要素であり、

頭のいい人は皆、この能力に長けています。

ここまで、思考を深める方法をお伝えしてきましたが、

最後に言葉にすることで思考を深めきる方法を

お話ししていきましょう。

なぜ、できる人はすぐ電話してくる人を嫌うのか？

堀江貴文氏は電話について、

「電話は百害あって一利ない。仕事をしているときに電話を鳴らされると、そのせいで仕事は強制的に中断され、リズムが崩れてしまう」

と言い、元マイクロソフト日本法人代表の成毛眞氏も

「ホリエモンの言い分には、私も完全に賛同する。電話する必要がないような用事

で電話をかけてこられて、自分の時間が奪われるのが、とにかく腹立たしい」

と言っています。イーロン・マスク氏は、スケジュール通りに仕事を進めるため、電話にはほとんど出ないそうです。

さて、なぜこれほど、電話を嫌がる人がいるのでしょうか？

それは、**他人とコミュニケーションをとる際に発生するコスト**が関係しています。

「コミュニケーションコスト」を意識せよ

「とりあえず電話で」という考えの人も、一定数います。

また、忙しい上司が外出先から戻ってきた……とりあえず、相談しとこう！

と思った経験のある人は多いでしょう。

〝とりあえず電話しよう〟〝とりあえず相談しよう〟と思うのは、メールするのは面倒、電話したほうが早い、話したほうが早い、と思うからです。たしかにメールするのは、とても面倒ですから。

では、とりあえず電話するのはなぜ面倒ではないのか？

それは**「言語化する」というコミュニケーションにおいて最も労力のかかるプロセスを電話を受ける側にも負担してもらえる**からです。

電話を受けた側は、自分の手を止めて、まず話を聞かなければいけません。話し手の言っていることを忘れないためにメモする必要があるかもしれませんし、また〝とりあえず電話してくる人〟は話がまとまってないことが往々にしてあるので、話を整理し、より深く聞くために質問する必要があります。

また意見を求められたら、すぐに意見をまとめて、

「今、大事なのは、これだから、こうすればいいんじゃないか」

と言語化しなければなりません。これにも、大変な労力が必要です。

とりあえず相談したり、とりあえず電話したほうが早いと感じるのは、相手が言語化コストを負担してくれるからです。自分ひとりで言語化する必要がない状態はとてもラクです。

では、とりあえず電話せずに、メールで相談する場合はどうでしょう？

メールを送るには、一度話をまとめて、言語化する必要があります。読み返してわかりづらいときには、書き直すこともあるでしょう。

書くことで、自分が言おうとしていることに客観性を付与し、整理し直すという作業を自然と行っているのです。

そのため、メールを書く行為には、言葉を選ぶ、整理する、相手の反応を想像する、書き直す、など、さまざまな**コミュニケーションコスト**が内包されています。つまり、言語化コストに内包されるさまざまなコストのすべてを、話し手（メールの送り手）が支払っていることになります。

つまり、**「とりあえず電話」を嫌うのは〝言語化する〟というコミュニケーション**

話す前に言語化コストをどっちが払うか意識しよう

における大きなコストを、目の前の作業を中断して、相手のために支払わないといけないからです。

もちろん、緊急の案件など、とりあえず電話するほうが後々、問題にならずにすむことはたくさんありますし、年配の方の中には、メールを嫌う方もいますので、どんな場合でもメールが必ずしも最適というわけではありません。

しかし、忘れないでほしいのは、**コミュニケーションのコストをどちらが払っているかを常に意識すること**です。

言語化のコストをすすんで払う側に回ろう

言語化のコストを相手に支払ってもらっている限り、〝頭のいい人〟として認識されることはありません。

上司が優秀でやさしい人である場合、早めに相談したほうが、効率がいいと思うでしょう。しかし、何も考えずに「どうしたらいいですか？」と聞くだけでは、上司に考えてもらっているだけで、自分が考えなくていい状況を作ることになります。

逆に、言語化コストをこちらが負担することで、相手に「サービス精神があるな、できるな」と思ってもらえます。

最終的な言語化まで至らなくても、整理するところまでやってから相談に行くだけでも相手の負担は減ります。

実はここまで、第2部の1〜4章でお伝えしてきた〝思考を深める方法〟は、言語化するまでの過程そのものなのです。

3章では〝アドバイスするな、整理せよ〟とお伝えしましたが、実は話を聞きながら整理するのは相手が言語化する過程の一部を担っていることになるのです。

言語化するコストを
誰が払っているかを
意識せよ。

言語化の質がアウトプットの質を決める

言語化とは、一般的には〝思考を言葉にする〟という意味で使われます。コピーライターは、企業や商品の本質的な課題や魅力を言語化し、消費者の心を動かすことで、対価を得ます。コピーライターは言語化を本職とする人たちといっていいでしょう。

ただ、私は言語化の意味をもう少し広くとらえています。言語化とは、単に言葉にすることに留まらず、**アウトプット全般のことを指す**ものだと考えています。

たとえば、建築家。

優秀な建築家は、家を設計する際に、依頼者の悩みや希望、どんな暮らしがしたいか、などのビジョンを丹念に聞き取りながら、依頼者の本質的な思いを汲み取って建築物（家）という形でアウトプットします。

新国立競技場や高輪ゲートウェイ駅などの設計で知られる、日本を代表する建築家のひとり、隈研吾氏は、著書『ひとの住処 1964-2020』の中で、建築家の仕事についてこう語ります。

> 建築というものは、設計図を描く日々から工事が終わるまでの何年かを、そこに関わる人達と一緒に走り、作り、語りあったことの結果なのである。結果というよりは、そのプロセス、その何年間の時間そのものが、建築なのだといってもいい。その時間の充実がいい建築を作る。一緒の時間を走るのでなければ、そもそも建築なんて作る意味がない。僕は檮原（ゆすはら）でそういう作り方を学んで、そのやり方でひとつひとつ作ってきた。これからも、そうやって作り続けたいと考えている。

隈氏はこのように、建築を〝一緒に走り、作り、語りあったことの結果なのである〟と述べています。

つまり、依頼者とコミュニケーションをとる中でともに思考を深め、言語化されたものの先に建築というアウトプットがあるのです。

デザイナーも同様です。

依頼者の解決したい思い、たとえば「企業の魅力が消費者に伝わっていない」という悩みをより深く掘り下げて、デザインという形でアウトプットして解決します。

ユニクロ、楽天、セブン-イレブン等の企業、今治タオルなどの物産品、幼稚園や大学などの社会施設……さまざまな領域でブランド戦略を手掛ける佐藤可士和氏は、「広義のデザインとは意匠的な技術ではなく、思考法のことです。そのようにとらえれば、誰でもデザインのパワーを使って、よりよい結果を導くことができます」と、著書『世界が変わる「視点」の見つけ方』の中で述べています。

建築家しかり、デザイナーしかり、優秀な人はみな「なぜそのようなアウトプットに至ったのですか？」と質問すると、その発想の原点や方法論、思考法について話すことができます。

プロフェッショナルは自分の思考回路を言語化できています。言語化なしには、繰り返し高度な作品をアウトプットすることはできません。言語化せずに、たまたまいいアウトプットができることもありますが、そういう人は「一発屋」と呼ばれ、長続きしないのです。

コンサルタントも同様です。

経営者の悩みを聞き、本質的な課題を抽出し、解決策を検討する。

この過程で、何度も〝言語化する〟必要が出てきます。

「お客さんの問題発見と、課題解決を手伝うのが、コンサルタントの仕事」と言わなければいけなかった、という話をしましたが、クライアントにヒアリングし（深く聞き）、問題を整理し、問題を解決すべき〝課題〟として、言語化して初めて、解決に向かうことができます。言語化されない課題は、だれも課題として認識しません。言語化されて初めて、課題として共有され、人が解決に向かって動きます。

本書の冒頭で、思考の質が大事という話をしました。

思考の質は、言語化の質を決めます。
言語化の質は、アウトプットの質を決めます。
アウトプットの質が高ければ、人の心を動かします。
人の心を動かせば、行動につながります。

つまり、**ちゃんと考えるとは、突き詰めれば、人を動かすアウトプットを生み出す**ということなのです。

そして、インパクトを残すアウトプットのためには、良質な言語化が必須であり、良質な言語化のためには、1～4章でお伝えしてきた方法で思考を深める必要があるのです。

インパクトを残す「言語化」のプロセス

物事を客観的に さまざまな視点からとらえる （1章「客観視」の思考法）	**分けることで、 本質を理解する** （2章「整理」の思考法）
相手の話を正確に 整理しながら聞く （3章「傾聴」の思考法）	**本人が言語化できていない 部分まで掘り下げる** （4章「質問」の思考法）

↓

最後に言葉にする

「言語化」の思考法①

言語化の質を高めるたったひとつの型

第2部でお伝えしてきたことは、〝良質なアウトプット〟を生み出すプロセスです。良質なアウトプットは人を動かします。その良質なアウトプットに必要なのが言語化でした。

では言語化にコツはあるのでしょうか。

第1部のその5で「説明の型をたくさん覚えること」を否定しました。

それは、型に当てはめて話すことで、考えたつもりになり、逆に考えることから遠ざかるからです。

ただ、ここではあえて、型をひとつだけ紹介します。

この型は、**考える労力を省く型ではなく、思考を深め相手にインパクトを与える最終手段としての型**だと思ってください。

突然ですが、クッキーを作ったことはあるでしょうか。クッキーの型抜きをイメージしてみてください。

星やハートなどの形の型を、生地に押し当てるだけで、綺麗な形の生地ができ、あとは焼くだけでクッキーができます。

ただ、生地なしに、クッキーの型を使うことはできません。

同様に、思考をせずに、型を使ったところで何も生まれません。型は思考の省略ツールではなく、あくまで補助ツールなのです。

その型とは

〇〇ではなく、△△である。

です。

再定義せよ

「サードプレイス(Third place)」

これは、スターバックスのコンセプトに使われている言葉で〝家庭でも職場でもない第三の空間を提供する〟という意味です。

カフェというと、今でこそ、くつろぐ場所というイメージがあるかもしれませんが、スターバックスが設立された当初は、カフェといえば、〝ただコーヒーを飲む場所〟という認識でした。友人とコーヒーを飲むイメージはあれど、くつろげる空間としての認識は薄かったそうです。

スターバックスの元CEOであるハワード・シュルツは、著書『スターバックス成功物語』の中で次のように言っています。

顧客がスターバックスに足を運ぶのは、自分の手の届く範囲で贅沢な気分を味わいたいからだ。その贅沢さが感じられなかったら、戻ってきてはくれない。われわれは、イル・ジョルナーレを創業した時から、イタリアのエスプレッソ・バーの雰囲気を再現することに努めてきた。そのために、ヨーロッパ風の装飾や現代装飾を用い、明るくて親しみやすい店づくりをしてきたのだ。私は、建築家のバーニー・ベーカーと一緒に店内のレイアウトを考え、シンボルマークや窓際のスタンド式バーを配置し、新聞を掛けるラックやメニューを記したボードなどを揃えた。

つまり、スターバックスが日本に展開するときにコンセプトとした「サードプレイス（Third place）」とは、従来のコーヒーチェーンショップのように〝単にコーヒーを飲む場所〟ではなく、〝自宅と職場の間にある、贅沢な気分を味わってもらう場所〟という意味が込められています。つまり、カフェを**再度、定義**したのです。

〇〇ではなく、△△である。

という型は、再定義によって生まれるアウトプットの形なのです。

1章で紹介した学生時代にした丸焼きのバーベキュー（174ページ）も、

バーベキューとは屋外の焼き肉ではなく、屋外で肉を丸焼きすることだ

と再定義することで、人が集まってきました。

良質なアウトプットをひもといていくと、再定義にたどり着くことがよくあります。

世界で1000万部の大ベストセラーとなった『嫌われる勇気』の初版の帯コピーは、

「自由とは他者から嫌われることである」

でした。

「自由」の意味を辞書で引くと

他から制限や束縛を受けず、自分の意志・感情に従って行動すること

『新明解国語辞典（第八版）』

と出てきます。一般的な認識も辞書の通りでしょう。

これを、『嫌われる勇気』では、〝自由とは他者から嫌われることだ〟と再定義しているのです。

マネジメントの祖である、ピーター・ドラッカーは、企業におけるマネジメントの必要性を説くために、著書『マネジメント〔エッセンシャル版〕』の中で、「企業とは何か」「企業の目的とは何か」と言葉の定義を行うところから議論を始めています。

この定義は非常にエレガントなもので、私はこの一文を読み、「この本には重要なことが書いてある」と確信しました。つまり心を動かされたのです。

> 企業とは何かを知るためには、企業の目的から考えなければならない。企業の目的は、それぞれの企業の外にある。企業は社会の機関であり、その目的は社会にある。企業の目的の定義は一つしかない。それは、顧客を創造することである。

企業の目的は〝利益を出すこと〟と考える人も多い中、ドラッカーははっきりと、企業の目的とは企業の外にあり、顧客を創造すること、と定義し直したのです。

このように、良質なアウトプットは良質な定義から生まれるのです。

そして、その良質な定義を考えるための型が、「○○ではなく△△だ」です。

「お好み焼きは蒸し料理です」に知性を感じたワケ

中途採用の面接官をしていたときのこと、ある採用候補者の履歴書に

「特技：お好み焼きを美味しく焼くこと」

と書かれていました。面接で何気なくこの特技について尋ねると、その候補者は

お好み焼きは、蒸し料理なんですよ。

と答えました。お好み焼きは名前の通り、焼くものだと思っていたので、気になって、どういうことですか？　と質問しました。

僕は、大阪人なので、実家のお好み焼きの作り方があるんです。そしておそらく私を含め、大阪人のほとんどがこう思っていると思います。〝自分の家のお好み焼きが一番美味しい〟と。ですが、ある日、ふと「おたふくソース」のＨＰに載っていたお好み焼きのレシピを見てみたんです。そしたら、レシピの途中に「蓋をして4分蒸す」と書いてあったんです。今まで、焼くだけで蒸してはいませんでした。実際やってみると、材料が同じなのにふわふわで美味しいんです。みなさんも、お好み焼きを蒸し料理だと思って作ってみてください。

私はこの発言に知性を感じました。そして、この発言だけが理由ではないものの、他の面接官からも〝彼は思考力のある人〟と認識され、採用に至りました。

私が彼に知性を感じたのは、

・家でのお好み焼きの焼き方が美味しいという思い込みに意識的になり、自分とは違う意見を調べることができる（「客観視」の思考法）
・お好み焼きを〝蒸し料理だ〟と再定義し、インパクトを残した（「言語化」の思考法）

この2点です。

実際、面接のあとも、妙に〝お好み焼きは蒸し料理です〟が頭に残り、家で家族に披露したところ、妻からも子どもたちからも絶賛されました。

彼の、〝**お好み焼きは焼き料理ではない、蒸し料理だ。**〟いうアウトプットが私の心を動かしたのです。

第2部の1章でも説明したように、テーマの種類で話の「浅い・深い」が決まるわけではありません。身近なことでも、深く考えることはできます。

ぜひ、みなさんも、身近な言葉を再定義してみてほしいのですが、いきなり「○○ではなく△△だ」の型を使って考えろと言われても、難しいと感じる人も多いはずです。

だれでも良質なアウトプットを生み出せる手順

そこでだれでも再定義できる手順をご紹介しましょう。

まず、良い〇〇、悪い〇〇を考えてみます。

たとえば、カフェ。

良いカフェってなんだろうか。悪いカフェってどんなカフェだろうか。

これは、自分の好きなカフェ、嫌いなカフェ、と置き換えてもかまいません。

ずっと居たくなるカフェっていいな〜また来たくなるカフェ。

逆に、コーヒーが美味しくても、緊張する居心地が悪いカフェは嫌いだな。

というように。

そうすることで、

〝コーヒーが美味しいカフェではなく、空気が美味しいカフェ〟

というコンセプトが思いつくかもしれません。

良い広告、悪い広告とは？　良い本と悪い本とは？　良い食事、悪い食事とは？　良い接客、悪い接客とは？

これは、アイデア出しやブレストにも使えます。

たとえば、自社のＳＮＳアカウントの運用方法に関して、会議で話し合っていたが、なかなかいい案が出ないとしましょう。そこで、「好きな企業アカウントと嫌いな企業アカウントを教えてください」と参加者に聞いてみるのです。そこから、良いアカウント、悪いアカウントとは？　と自分たちで、ＳＮＳアカウントについて再定義していくのです。

ぜひ、会議などで議論が行き詰まったときにやってみてください。

「言語化」の思考法②

昨日観た映画を「面白かった!」しか言えないあなたへ

小並感（こなみかん）という言葉をご存知でしょうか。

〝小学生並みの感想〟を略した言葉で、感想が「すごかった！」「面白かった！」「やばかった！」など、小学生が話すような感想しか言えない状態を指します。

しかし、考えてみれば、心から感動した映画を「面白かった！」「泣けた！」としか言えない場合も少なくありません。ではどうすれば小並感から抜け出せるのでしょうか？

言語化は「あいさつ」と同じ

高度な言語化能力は一朝一夕で身につくわけではありません。

しかし、一部の天才だけが持つ、才能やセンスでもありません。

実は「言語化」は、「あいさつ」とよく似ていて、本質的には「習慣」に依存する力なのです。

たとえば、朝、同じマンションの住人と顔を合わせたとき、知らない人であっても「おはようございます」と言ったほうがよいことは、だれでも知っています。

しかし、実際には、自然に「おはようございます」と言える人と言えない人がいます。

自然とあいさつができるのは、あいさつが習慣になっているからです。そしてそれは、過去に習慣化するために実践したからです。あいさつの場合は、多くの場合、子どものころに親などからの「知ってる人に会ったらあいさつしようね」としつけられることによって、実践を繰り返し、習慣化します。

言語化も同様で、実践を繰り返すことで、言語化する力が身につき習慣化します。

しかし、言語化を習慣にする実践方法は、教えてもらう機会があまりありません。

そこで、最後に、言語化を習慣にする方法をお伝えしましょう。

言語化の習慣 1 ネーミングにとことんこだわる

「名前をつけること」は言語化能力が最も必要とされます。

「マイブーム」「ゆるキャラ」という独自の言葉を創り、ブームにしたみうらじゅん氏は著書『「ない仕事」の作り方』の中で、

> ここ数年ブームが続いている「ゆるキャラ」も、私が名づけてカテゴリー分けをするまでは、そもそも「ない」ものでした。

と述べています。そしてこう続けます。

「ゆるキャラ」と名づけてみると、さもそんな世界があるように見えてきました。統一性のない各地のマスコットが、その名のもとにひとつのジャンルとなり、先に述べた哀愁、所在なさ、トゥーマッチ感、郷土愛も併せて表現することができたのです。

ゆるキャラ、とみうらじゅん氏が名づけたことで皆がこれを認識できるようになり、産業がつくられました。ネーミングによって、人の行動が変わったのです。

村上春樹氏の小説『色彩を持たない多崎つくると、彼の巡礼の年』の中に「ル・マル・デュ・ペイ」という言葉が出てきます。

この言葉について登場人物が次のように述べています。

フランス語です。一般的にはホームシックとかメランコリーといった意味で使われますが、もっと詳しく言えば、『田園風景が人の心に呼び起こす、理由のない哀しみ』。正確に翻訳するのはむずかしい言葉です。

昔から、電車から田園風景を見たとき、たしかに哀愁を感じることはありました。しかし、私は田園風景に囲まれて育ったわけではないので、ホームシックではありません。これは〝ル・マル・デュ・ペイ〟と言うより他にないのです。

そして、この文章を読んで初めて私は、この哀愁の感覚について人に聞くことができました。「こういう感覚を持ったことはない？　ル・マル・デュ・ペイと言うらしいけど……」と。

人は、名前のないものについて、深く考えることはできません。

逆に名前を生み出すことで、新しい概念についても考察できます。だから、できる人はまず考察の対象の「定義」を考える。そしてその定義に名前をつける。そうすることで、他の人もその概念について考えることができる。**ネーミングは、思考の出発点**となるのです。

言語化能力を鍛えるには、名前のついていないものに名前をつけ、その名づけにこだわることが最短の道といっても過言ではありません。

私はネーミングにこだわることの重要性をコンサルティング業務の中で味わいま

した。

ある日、「中小企業向けのコンサルティング」のコンセプトに名前をつけたい、という話が上司からありました。

中小企業は大企業に比べてリソースが少ないので、通常のコンサルティングの手続きである、綿密に調査をし、レポートを作って提案し、承認をとってチームを編成し、計画を立てて実行するという、コンサルティングの定石が、使えないこともよくあります。

もっと早く、もっと簡単に、効果が出せるコンサルティング手法が必要とされていました。

そこで、組織の長は次のようにキャッチフレーズを作りました。それは、

「かんたん実行、ばつぐん効果、らくらく継続のシンプルしかけの導入」

〝ダサっ〟と、思った人もいるかもしれません。

正直なところ、私も最初は、そう思いました。

しかし驚いたことに、これは非常に優れた「言語化」であり、中小企業の経営陣

にはこのフレーズが大いに歓迎されたのです。

なにせ、理解にほとんど労力を使わなくてよい上に、リズム感もよく、覚えやすい。

仮にこれが「短期間での導入、高い費用対効果、低コスト運用の中小企業向けコンサルティング」といった、「よく使われる言葉」だけであったら、これほどのインパクトはなく、かつ説明も簡単ではなかったでしょう。

些細なことでも、ネーミングにこだわることで、言語化能力は磨かれます。

「来月はコミュニケーションを増やそう！」ではなく、「来月をキャッチボール月間とします！　たくさん会話した人には、ランチをご馳走します」と言ってみる。

「来月からダイエットしよう」ではなく「来月は胃袋を積極的に休ませる月にします」とSNSに宣言してみる。

小さなことでもいいので、名前をつけることで、言語化する習慣が身につきます。

言語化の習慣 2 「ヤバい」「エモい」「スゴい」を明日から使わない

語彙力を増やすことは、言語化能力の向上に大いに寄与します。

手持ちの言葉が多いほうが、表現の幅が広がり、言葉にできないことを言葉にできる可能性は高まります。

したがって、語彙を増やす習慣は、言語化能力を鍛える習慣といえます。

ただ、受験生が英単語を覚えるように、単語帳を使って語彙を暗記するのはあまり得策とはいえません。

言語化能力を高めるためには「ヤバい」「エモい」「スゴい」など、「語彙を貧弱にする安易な表現を使わないようにする」といった習慣が有効です。

とにかく、明日から「ヤバい」「エモい」「スゴい」を使わないことを心がけてください。

どんな感動も「ヤバい」「エモい」「スゴい」で成立はします。美味しい食べ物を「ウマい！」と表現しても何も問題はありません。

ただそこで、これらの言葉を使わないとなると、なんと表現したらいいのか？

こう考えることで脳に思考のスイッチが入ります。

言語化の習慣 3　「読書ノート」「ノウハウメモ」を作る

語彙を増やすために有効なのは、古典的ではありますが、読書です。

しかし、読書をするだけで言語化能力が高まるわけではありません。インプットをいくら増やしても、アウトプットしなければ言語化能力は向上しないからです。

おすすめなのは、「読書ノート」を作ることです。デジタルでもアナログでもかまいません。本を読んだあと、内容のダイジェスト（まとめ）をメモしていきます。

図1は私がミハイ・チクセントミハイという学者の「フロー理論」に関する書籍を読んだ際の読書ノートの一部です。小説の場合は、あらすじを簡単にまとめます。

ポイントは、ダイジェストを書いたあとに、所感（感想）を書くことです。もちろんここでも「面白かった」とできるだけ書かずに、自分の体験と本の内容を重ね合わせるイメージで、感じたこと、役に立つと思った部分などを書き留めていきます。

『フロー体験 喜びの現象学』

人はどんなときに生き生きするのか？

① 達成できる見通しのある課題に取り組んでいる

② 自分のしていることに集中できている

③ 集中できる条件は、作業に明確な目標がある

④ 集中できる条件は、直接のフィードバックがある

⑤ 意識から日々の生活の気苦労や欲求不満を取り除く、深いけれども無理のない没入状態で行為している

⑥ 自分の行為を統制しているという感覚を伴う

⑦ 自己についての意識は消失するが、フロー体験のあとでは自己感覚はより強く現れる

⑧ 時間の経過の感覚が変わる

※所感：ゲームは面白く、仕事はつまらないと感じる人が多いのは、仕事が社員向けには最適体験ができるように考えぬかれていないから。ゲームはユーザーにフロー体験をさせるよう注意をはらって作っているが、経営者は顧客のみに注意を払い、従業員にまで意識がなかなか及ばない。従業員満足の中心にフロー体験を組み込むことは、長期的に考えると顧客のためになるのではないか。従業員に向けて「仕事をマーケティングする」ことを提案してもいいかもしれない。

図1：読書ノートの例

この手法は、私がコンサルに入社したときに推奨されたものですが、あれから20年以上経った今でも続けていて、言語化能力を最も高めてくれた手法です。

なぜなら、読書により得られた知見は、自分自身が思っているよりも曖昧なものですが、まとめを作ることによる言語化を通じて、明確になるからです。

また「〇〇のノウハウメモ」を作ることも有効です。

〇〇の中には、なんでも入ります。

たとえば、仕事でもよいですし、自分の趣味に関するもの、たとえばアウトドアレジャーや、ゲーム、楽器の演奏などでもよいでしょう。

図2は、私がコンサルティング会社に入社したときに、指導を担当してくれた先輩から教わったことを「言語化」した、コンサルティングのノウハウメモの抜粋です。

これは今でもアップデートを続けているファイルなのですが、コンサルティングという仕事において、

「上司はなんと言ったか」

「私の解釈は何か」

「なぜうまくいったのか」

「どうしたらさらに良くなるか」

などを余さずメモしていったもので、現在の私が書く記事の元ネタとしてもかなり活用されています。

おすすめなのは「学んだ10のこと」「大切な5つのこと」など、フォーマットを決めてしまうことです。2章で、〝頭のいい人が人の話を聞くとき、相手から学ぼうという意識で聞く〟という話をしましたが（231ページ参照）、このようにフォーマットを決め、ノウハウメモを書く癖をつけることで、自然と相手から学ぼうという意識で人の話を聞くことができます。「部下から学んだ5つのこと」「子育てで大切な10のこと」など、なんでもかまいません。このように考える癖がつくと、辛い経験も、ノウハウメモのネタになる、と思うことができます。また、それをSNSなどでシェアしたり、後輩に伝えたりすることで、自分の経験が他者の役に立つのです。

とにかく大事なのは、本を読んで「面白かった」で終わらせず、自分の言葉でまとめることです。仕事で教わったことも同様です。心が動いたときにとにかく、メモを開き、書くことを習慣化してみてください。

先輩社員から教わった10のこと

① 提案より共感が大事

② 本当に価値あるものは100%の賛同は得られない

③ 課題は聴くのではなく、言い当てるもの。言い当てるには経験・知識がいる

④ 人はそんなに早く育たない。簡単に手に入るものに、人は重きを置かない

⑤ 小さな商品で、顧客と接触する頻度を高めろ

⑥ 常に継続、安定収入化を考えること。営業は不要にする

⑦ 仕入れ科目は、決算時に繰り越し商品とする

⑧ リスク管理は、経験が何よりものを言う領域

⑨ 知的な驚きを作り出すことが大事

⑩ 豊かさ・成功に伴うコストは意外に大きい

図2：ノウハウメモの例

言語化はあいさつと同じ。
人に会ったらあいさつするように、
名前のないものを見つけたら
名前をつける。
すると、自然と思考の質は高まる。

おわりに

外山滋比古氏のベストセラー『思考の整理学』にこのような一節があります。

われわれは、花を見て、枝葉を見ない。かりに枝葉は見ても、幹には目を向けない。まして根のことは考えようもしない。とかく花という結果のみに目を奪われて、根幹に思い及ばない。

聞くところによると、植物は地上に見えている部分と地下にかくれた根とは形もほぼ同形でシンメトリーをなしているという。花が咲くのも地下の大きな組織があるからこそだ。

知識も人間という木の咲かせた花である。美しいからといって花だけを切ってきて、花瓶にさしおいても、すぐ散ってしまう。花が自分のものになったのでないことはこれひとつ見てもわかる。

本書でお伝えしてきた7つの黄金法則と5つの思考法は、言うなれば、知性という花を咲かすための、前者が〝根っこ〟で、後者が〝幹〟です。

知性の〝根っこ〟と〝幹〟である黄金法則と思考法を実践することでだれもが〝頭のいい人〟になれるのは間違いありませんが、最後にお伝えしたいのは、頭のいい人になることより、頭のいい人であり続けることのほうが難しい、ということです。

コンサルタントとして、毎日社長の悩みを聞いていると、ある日、少し社長の悩みを聞いただけで、その社長が悩んでいることがすぐにわかった瞬間がありました。

テレビ番組で占い師が芸能人と少し話しただけで、「あなたは今こんなことに悩んでいますね」とずばり言い当て、「えーなんでわかったんですか？　すごい！」とその芸能人が驚愕するシーンを見たことがある人も多いと思います。まさしくあの状態です。

このように〝一聞いただけで十わかる〟ようになるコンサルタントは珍しくありません。

しかし、中には、そこから全てをわかった気になり、傲慢になって成長の止まるコンサルタントも少なくありませんでした。

〝わかった気になったときが一番危ない〟

これが22年のコンサルタント人生の中でのもうひとつの結論です。

わかったような気になっているときこそ、丁寧なコミュニケーションを心がける。これこそ、本当に頭のいい、知的で謙虚な人の態度だと思います。

ぜひみなさんも、〝頭がよくなったな〟と感じたときにこそ、また黄金法則に立ち返り、ちゃんと考えられているか？　と自問していただければと思います。

さて、本書は、私がコンサルタントとして得た知見を、だれでも、どの業種にでも、どの時代でも役に立つように、プログラムしたビジネス書です。

ただ、本書にはビジネスシーンだけではなく、「どっちの服がいい？」と聞かれたときの対応や婚活の男女の会話など、プライベートなシーンでも役に立つ例をたくさん載せました。

それは、〝身近な人にほど丁寧なコミュニケーションを心がけてほしい〟という私の思いからです。

実は15年ほど前に、私は前の妻を病気で亡くしています。当時コンサルタントとして最も忙しかった時期で、コミュニケーションを密にとっていたとは言い難い状況でした。それは今でも後悔していることのひとつです。

本当に頭のいい人とは、大切な人を大切にできる人だと思います。

経営者でもそういう人こそ、周りから慕われていました。

大切な人を大切にするために、丁寧で知的なコミュニケーションを心がけてください。

最後になりましたが担当させていただいたクライアントの皆様、拙い私の仕事に辛抱強くお付き合いいただき、本当に感謝しております。また、社内で私にコンサルタントとしての技術を与えてくれた、白潟敏朗さん、ありがとうございました。コミュニケーション技術のほとんどは、ご指導の賜物です。

本書籍の企画に貴重な洞察を与えてくれた梅田悟司さん、本業を支えてくれた倉増京平さん、桃野泰徳さん、共同創業者の楢原一雅さん、みなさんの協力がなければ、この本は完成しませんでした。「Books & Apps」に永く寄稿してくださっている、高須賀さん、しんざきさん、熊代亨さん、雨宮紫苑さん、fujiponさん、patoさん、黄金頭さん、いつも貴重なインスピレーションを与えていただき、本当に感謝しています。

そして、担当編集者の淡路勇介さん、淡路さんの力なしには、この本は成立しませんでした。編集の極意の一端を垣間見させていただいた気がします。最後に妻の美保、ありがとう。家族の心配なしに執筆できたのは、貴方のおかげです。

安達裕哉

2023年3月

賢くあり続けるための読書リスト

感情のコントロール方法を学ぶ

『アンガーマネジメント』

――戸田久実（著）　日経文庫

昭和のオフィスでは、怒号が飛び交うのは普通だった。しかし令和の現在では、「怒り」はタブーであり、場合によっては社会的な信用を損なう行為となっている。

「怒り」そのものをなくすことは人間である以上できないが、それをどうやって制御するかは、その人の技術次第だというのは、誰もが同意するところではないか。

調べ方を学ぶ

『調べる技術 国会図書館秘伝のレファレンス・チップス』

――小林昌樹（著）　皓星社

文献の調べ方、使い方に関して書かれた、唯一無二の本。図書館だけでなく、グーグルや新聞などのメディアの扱い方にも触れていて、物書きだけではなく、マーケターやコンサルタント、データを取り扱うすべての人におすすめできる、類を見ない本。

海外の賢者から学ぶ

『ファスト&スロー　あなたの意思はどのように決まるのか？（上）（下）』

――ダニエル・カーネマン（著）、村井章子（訳）　早川書房

行動経済学の祖である、ダニエル・カーネマンの名著。

「人間の選択が必ずしも合理的でないのはなぜか」について、幅広い研究事例をもとに、詳細に解説をしてくれる本。章末に日常での事例を載せてくれているので、非常に現実に適用しやすい。

『不合理　誰もがまぬがれない思考の罠１００』

――スチュアート・サザーランド（著）、伊藤和子／杉浦茂樹（訳）　ＣＣＣメディアハウス

ダニエル・カーネマンはもともと心理学の研究者であり、それを経済学の分野と結びつけることで大きな成果を残した。

その心理学においては近年「人間は理性的ではない」という膨大な知見がたまっており、その一部を心理学者がわかりやすく紹介したもの。『ファスト&スロー』を読んで、心理学に興味を持った人におすすめ。

『ワーク・ルールズ！　君の生き方とリーダーシップを変える』

――ラズロ・ボック（著）、鬼澤忍／矢羽野薫（訳）　東洋経済新報社

元グーグルの人事トップが、グーグルの人材マネジメントについて余すところなく語った本。

グーグルの人事の良いところは、まずデータと客観的な証拠に基づいた施策をし、その効果をきちんとデータで検証していること。これまで人事について言われてきた「神話」が本当なのか、嘘なのか、この本で得るものは多い。

『HIGH OUTPUT MANAGEMENT（ハイアウトプット マネジメント）人を育て、成果を最大にするマネジメント』

——アンドリュー・S・グローブ（著）、小林薫（訳）　日経BP

シリコンバレーのイノベーションをけん引した、インテルの元CEOである、アンドリュー・グローブ氏が、自らのマネジメントについて詳細に記述した名著。

シリコンバレーの起業家の中にはアンドリュー・グローブの薫陶を受けた人も多く、彼は多くの人から尊敬を集めている。彼自身はピーター・ドラッカーのマネジメントを取り入れていて、ドラッカーの本と併せて読むことでより深く理解できる。

知の巨人、ドラッカーから学ぶ

『マネジメント［エッセンシャル版］　基本と原則』

——P．F．ドラッカー（著）、上田惇生（訳）　ダイヤモンド社

言わずと知れたドラッカーの代表作。個人的には次にあげる『経営者の条件』のほうが面白く感じたが、ビジネスパーソンであれば一度は読んでおくべき。

『ドラッカー名著集1　経営者の条件』

P．F．ドラッカー（著）、上田惇生（訳）　ダイヤモンド社

ドラッカーが自己啓発本を書くとどうなるのか？　こうなります。経営者だけではなく、世代を超えて通用する仕事術を網羅しており、仕事で成果を上げたいすべての人に読んでほしい古典。

ミリオンセラー・ロングセラーから学ぶ

『理科系の作文技術』

木下是雄（著）　中央公論新社

私は学生のときに、これを100回読んでから論文を書きなさい、と指導された。学校ではなかなか教えてくれない「文章の作法」について、きわめて実践的に紹介してくれる本。

『思考の整理学』

外山滋比古（著）　ちくま文庫

〝本当に頭のいい人の文章は平易である〟というのが実感できる、思考の入門書。本書に込められた「自分でちゃんと考えなさい」というメッセージは、何歳になっても大事だと感じる。

名コピーライターから学ぶ

『広告コピーってこう書くんだ！読本』

——谷山雅計（著）　宣伝会議

新潮文庫「Ｙｏｎｄａ？」のコピーを生み出した、谷山雅計氏による著書。基本的にはコピーライターの卵に向けて書かれているが、谷山氏の述べていることは、すべてのビジネスに通じる仕事の原理原則でもある。

『「言葉にできる」は武器になる。』

——梅田悟司（著）　日本経済新聞出版社

元電通のコピーライターでジョージアの「世界は誰かの仕事でできている。」などを生み出した梅田悟司氏が「言語化」の重要性について述べた著作。

言語化の必要性についてはさまざまなところで取り上げられているが、その具体論はまだ職人芸の領域であることが多い。

その領域にあえて「言語化」を生業とする人物が取り組んだ本なので、かなり具体的に書かれている。

『この骨董が、アナタです。』

——仲畑貴志（著）　講談社文庫

今やトイレの必須設備であるウォシュレット。その発売に際してコピーを作成した仲畑貴志氏が、有名コピーである「おしりだって、洗ってほしい。」を生み出すときにどのような思考過程をたどったのかを、収録されたひとつのエッセイで紹介してくれている。なお、この本自体はエッセイ集なので、取り立てて構えなくても気楽に読める。

コミュニケーションの達人から学ぶ

『新訂版 タモリのTOKYO坂道美学入門』

――タモリ（著） 講談社

タモリ氏の博学には毎度感心するが、その中でも白眉といえる一冊。なお、坂の鑑賞ポイントは①勾配の具合②湾曲のしかた③周りに江戸の風情をかもし出すものがある④名前に由来、由緒がある、だそうだ。全編にわたってカラーの美しい写真で、東京の坂を楽しむことができる。

『「ない仕事」の作り方』

――みうらじゅん（著） 文春文庫

「ゆるキャラ」「マイブーム」の名づけ親であるみうらじゅん氏がどのようにマーケティングし、稼いでいるのか、その実態を明かした著作。クリエイティブの本質を、平易な言葉で説明してくれるビジネス書。

参考文献

第1部

その1

『週刊文春 2011年9月29日号』―ビートたけし「暴力団との交際」すべて語った

『不合理 誰もがまぬがれない思考の罠100』スチュアート・サザーランド（著）、伊藤和子／杉浦茂樹（訳） CCCメディアハウス

『ファスト&スロー あなたの意思はどのように決まるのか？（上）（下）』ダニエル・カーネマン（著）、村井章子（訳） 早川書房

『アンガーマネジメント』戸田久実（著） 日経文庫

「脳科学から「怒り」のメカニズムに迫る！ カチンと来ても6秒待つと怒りが鎮まるワケ」
https://gooday.nikkei.co.jp/atcl/report/16/070700034/071400003/

その2

『ドラッカー名著集1 経営者の条件』P.F.ドラッカー（著）、上田惇生（訳） ダイヤモンド社

『マネジメント［エッセンシャル版］ 基本と原則』P.F.ドラッカー（著）、上田惇生（訳） ダイヤモンド社

『SQ生きかたの知能指数 ほんとうの「頭の良さ」とは何か』ダニエル・ゴールマン（著）、土屋京子（訳） 日本経済新聞出版社

『われわれはなぜ嘘つきで自信過剰でお人好しなのか 進化心理学で読み解く、人類の驚くべき戦略』ウィリアム フォン・ヒッペル（著）、濱野大道（訳） ハーパーコリンズ・ジャパン

その5

『広告コピーってこう書くんだ！読本』谷山雅計（著） 宣伝会議

『宣伝会議 2019年9月号』 宣伝会議

その7

『お金より名誉のモチベーション論 〈承認欲求〉を刺激して人を動かす』太田肇（著） 東洋経済新報社

『田中角栄 昭和の光と闇』服部龍二（著） 講談社現代新書

第2部

1章

『HIGH OUTPUT MANAGEMENT（ハイアウトプット マネジメント） 人を育て、成果を最大にするマネジメント』アンドリュー・S・グローブ（著）、小林薫（訳） 日経BP

『新訂版 タモリのTOKYO坂道美学入門』タモリ（著） 講談社

『情報を正しく選択するための認知バイアス事典』情報文化研究所（著）、高橋昌一郎（監修） フォレスト出版

『バイアスとは何か』藤田政博（著） ちくま新書

「終身雇用制はいつからあるの？」 国立公文書館 アジア歴史資料センター

https://www.jacar.go.jp/glossary/tochikiko-henten/qa/qa22.html

『調べる技術 国会図書館秘伝のレファレンス・チップス』小林昌樹（著） 皓星社

『ドラッカー名著集1 経営者の条件』P．F．ドラッカー（著）、上田惇生（訳） ダイヤモンド社

『オックスフォード現代英英辞典 第10版』オックスフォード大学出版局編 旺文社

2章

『この骨董が、アナタです。』仲畑貴志（著） 講談社文庫

『思考・論理・分析「正しく考え、正しく分かること」の理論と実践』波頭亮（著） 産業能率大学出版部

『「わかる」とはどういうことか 認識の脳科学』山鳥重（著） ちくま新書

『理科系の作文技術』木下是雄（著） 中公新書

『ファスト&スロー あなたの意思はどのように決まるのか？（上）（下）』ダニエル・カーネマン（著）、村井章子（訳） 早川書房

『General Intelligence Test & Mental Ability Test』Rph Editorial Board（著）

『ワーク・ルールズ！ 君の生き方とリーダーシップを変える』ラズロ・ボック（著）、鬼澤忍／矢羽野薫（訳） 東洋経済新報社

『情報を正しく選択するための認知バイアス事典』情報文化研究所（著）、高橋昌一郎（監修） フォレスト出版

4章

『ワーク・ルールズ！ 君の生き方とリーダーシップを変える』ラズロ・ボック（著）、鬼澤忍／矢羽野薫（訳） 東洋経済新報社

構造化面接の記事 「U.S. Office of Personal Management」
https://www.opm.gov/policy-data-oversight/assessment-and-selection/structured-interviews/

『アニマルスピリット』ジョージ・A・アカロフ／ロバート・シラー（著）、山形浩生（訳） 東洋経済新報社

5章

『ひとの住処 1964-2020』隈研吾（著） 新潮新書

『世界が変わる「視点」の見つけ方 未踏領域のデザイン戦略』佐藤可士和（著） 集英社新書

『スターバックス成功物語』ハワード・シュルツ／ドリー・ジョーンズ・ヤング（著） 日経BP

『新明解国語辞典 第八版』三省堂

『嫌われる勇気』岸見一郎／古賀史健（著） ダイヤモンド社

『マネジメント［エッセンシャル版］ 基本と原則』P．F．ドラッカー（著）、上田惇生（訳） ダイヤモンド社

『「ない仕事」の作り方』みうらじゅん（著） 文春文庫

『色彩を持たない多崎つくると、彼の巡礼の年』村上春樹（著） 文春文庫

おわりに

『思考の整理学』外山滋比古（著） ちくま文庫

[著者]
安達裕哉（あだち・ゆうや）
ティネクト株式会社 代表取締役
1975年生まれ。筑波大学大学院環境科学研究科修了後、理系研究職の道を諦め、給料が少し高いという理由でデロイト トーマツ コンサルティング（現アビームコンサルティング）に入社。品質マネジメント、人事などの分野でコンサルティングに従事し、その後、監査法人トーマツの中小企業向けコンサルティング部門の立ち上げに参画。大阪支社長、東京支社長を歴任したのちに独立。現在はマーケティング会社「ティネクト株式会社」の経営者として、コンサルティング、webメディアの運営支援、記事執筆などを行う。また、個人ブログとして始めた「Books&Apps」が“本質的でためになる”と話題になり、今では累計1億2000万PVを誇る知る人ぞ知るビジネスメディアに。

Twitter：@Books_Apps

頭のいい人が話す前に考えていること

2023年4月18日　第1刷発行
2024年7月31日　第16刷発行

著　者――安達裕哉
発行所――ダイヤモンド社
〒150-8409　東京都渋谷区神宮前6-12-17
https://www.diamond.co.jp/
電話／03·5778·7233（編集）　03·5778·7240（販売）

ブックデザイン―三森健太(JUNGLE)
装画・本文イラスト―サトウリョウタロウ
DTP――――辻井知(SOMEHOW)
校正――――槇一八
製作進行――ダイヤモンド・グラフィック社
印刷・製本―勇進印刷
編集担当――淡路勇介

©2023 Adachi Yuya
ISBN 978-4-478-11669-2
落丁・乱丁本はお手数ですが小社営業局宛にお送りください。送料小社負担にてお取替えいたします。但し、古書店で購入されたものについてはお取替えできません。
無断転載・複製を禁ず
Printed in Japan

本書の感想募集　http://diamond.jp/list/books/review
本書をお読みになった感想を上記サイトまでお寄せ下さい。
お書きいただいた方には抽選でダイヤモンド社のベストセラー書籍をプレゼント致します。